稼げる！

自分に合った副業が
必ず見つかる！

戸田充広

副業図鑑

SOGO HOREI PUBLISHING CO., LTD

はじめに

「働き方改革」といわれ始めて久しいですが、実際私たちの働く環境に変化はあったでしょうか。勤めている人たちが早く帰れるように、残業が減るように、正当な評価を得られるようにと、政府主導で働きかけてくれてはいるものの、実際には「早く帰れる空気じゃない」「早く帰った分収入が減った」など、様々な問題が発生しているように見受けられます。

　そんな中、「減った収入を補うために」や「ストレス発散、気分転換のために」、あるいは「趣味や旅行に興じるため」といった理由で副業をしたい人、すでにしている人が増えてきました。そしてそれを後押しするかのように、副業を認める企業も増え始めました。しかし、実際にはまだまだ「副業しやすい環境とは言えない」という声も聞こえてきます。

「副業」とは、本業以外のところで収入を得るための活動を指します。本業とは別のどこかで働く、あるいは個人事業を展開する、はたまた投資などで収入を作るなど、その方法は様々です。

　収入が増え、人脈も広がり、気分転換もできるなど、副業には良いことがたくさんあり、仕事と生活の関係も良好なものになっていく可能性は大いにあります。にもかかわらず、副業にはどこかマイナスなイメージがつきまとうのも事実です。それには恐らく「副業」＝「隠れてする」「こそこそする」「しんどい」「辛い」といったイメージがつきまとうからでしょう。

　果たして実際のところはどうなのでしょう。例えば、自分に合っ

ていない副業を選んでしまったり、時間管理や体調管理の難しい副業を選んでしまったり、はたまた本業との掛け持ちが困難な副業を選んでしまったりしては、確かに「辛い」副業になるでしょう。また、本業に支障をきたし「会社にバレるかも」と怯えながら「こそこそする副業」にもなってしまうことでしょう。

　逆に、自分に向いている副業を見つけたり、「本業では選べなかった好きなこと」を副業にしたり、個人事業主として経営者の感覚で副業をしたりすると、副業は楽しく、前向きなものになるのではないでしょうか。

　つまり、どんな副業を選ぶかで、あなたの副業ライフ、引いては仕事と生活の関係が良くも悪くもなるということです。どうせならただ稼げればいいという副業ではなく、自分にとってプラスとなる前向きな副業を選びたいですよね。

　そんなあなたのために誕生したのが、本書『副業図鑑』です。本書では様々な副業を各章ごとにカテゴライズすることで探しやすく、選びやすくしながら、各副業のページには仕事内容、始め方などの基本情報を掲載して、副業選びをサポートしています。また、あらかじめ知っておくべき「副業を始める際の注意点」や「副業の基礎知識」なども記載しました。あなたに合った副業選びにお役立ていただけることと思います。

　何も知らずに行き当たりばったりで副業を探すのではなく、正しい知識のもとに、「あなたに合った副業」「本業と兼務できる副業」「好きなことに取り組める副業」などを選んでください。きっとあなたの副業ライフが素晴らしいものになることでしょう。本書がその一助になりましたら幸いです。

戸田充広

目次

はじめに ……………………………………………………………… 2

本書の使い方 ……………………………………………………… 12

第 1 章

副業のすすめ

- 今副業が注目されているわけ ……………………………… 14
- 始める前に知っておきたい副業の基礎知識 ……………… 16
- 副業には「雇われる副業」と「雇われない副業」がある …… 18
- 自分にあった副業の見つけ方 ……………………………… 20
- 副業の目標と費やす時間 …………………………………… 22
- 副業がうまくいく人、いかない人 ………………………… 24
- 本業や家庭との両立のために気をつけたいこと ………… 26
- こんな副業には要注意！ …………………………………… 28

第 2 章

始めやすい副業

001 受付業務 …………………………………………………… 32

002 警備員 ……………………………………………………… 34

003 交通量調査員 ……………………………………………… 36

004	試験監督	38
005	仕分けスタッフ	40
006	深夜営業店舗の店員	42
007	人力車車夫	44
008	清掃スタッフ	46
009	選挙スタッフ	48
010	ティッシュ配り	50
011	テープ起こし	52
012	土木作業員	54
013	ネットオークション	56
014	農作業	58
015	引っ越しスタッフ	60
016	プール監視員	62
017	フットサル審判員	64
018	ポスティング	66
019	漫画喫茶	68
020	郵便配達	70
021	レストランスタッフ	72

第 3 章
資格が活かせる副業

022	運転代行	76

023	カラーコーディネーター	78
024	きき酒師	80
025	CADオペレーター	82
026	結婚式司会者	84
027	ダイビングインストラクター	86
028	トラックドライバー	88
029	ペットシッター	90
030	ホームヘルパー	92

第 4 章
ハイリスクハイリターンな副業

031	アフィリエイト	96
032	FX（外国為替証拠金取引）	98
033	株式投資	100
034	カブトムシ飼育	102
035	コインランドリー投資	104
036	個人向け国債	106
037	サイトバイヤー	108
038	先物取引	110
039	純金積み立て	112
040	せどり	114
041	投資信託	116

042	メルマガ発行	118
043	不動産投資	120
044	民泊	122
045	輸入ビジネス	124

第 5 章

スキルを活かせる副業

046	アプリ開発	128
047	移動販売	130
048	イラストレーター	132
049	Web デザイナー	134
050	Web ライター	136
051	営業代行	138
052	家庭教師	140
053	カメラマン	142
054	教室経営	144
055	ゲームテスター・デバッカー	146
056	講師業	148
057	校正	150
058	コンサルタント	152
059	自作曲販売	154
060	塾講師	156

061	出張シェフ	158
062	賞状書士	160
063	スポーツインストラクター	162
064	整体師	164
065	添削指導者	166
066	ドローン動画作成	168
067	似顔絵師	170
068	ネットショップ	172
069	PC出張サポート	174
070	プログラマー	176
071	ベビーシッター	178
072	翻訳	180
073	漫画制作	182
074	YouTuber	184
075	LINEスタンプ制作	186

第 6 章
すき間時間・短時間でできる副業

076	空き時間の販売	190
077	アンケートモニター	192
078	占い師	194
079	クラウドソーシング	196

080	シェアビジネス	198
081	データ入力	200
082	ポイントサイト	202
083	モーニングコール	204

第 7 章
元手0円でできる副業

084	カーシェアリング	208
085	健康食品モニター	210
086	主催業	212
087	商品モニター	214
088	治験モニター	216
089	駐車場貸し	218
090	ドロップシッピング	220
091	墓参り代行	222
092	便利屋	224
093	レンタル友人	226

第 8 章
趣味にもなる副業

| 094 | エキストラ | 230 |

095	カフェ1日オーナー	232
096	クラフト製作	234
097	テレビ観覧	236
098	ネイルモデル	238
099	パズル作業	240
100	覆面調査員	242

第 9 章
知っておきたい副業の決まり

- 副業を始める前に就業規則を確認する ……………………… 246
- 本業の会社への申請方法 ……………………… 248
- 会社に無申請で副業をした場合に想定されるトラブル … 250
- 副業に関係する法律 ……………………… 252
- 知っておきたい副業に関わる税金の知識 ……………… 254
- 確定申告に必要な知識を押さえる ……………… 256
- 副業にかかった経費も損益通算できる ……………… 258
- 副業収入の振込み先、収入の受け取り方 ……………… 260
- 独立も考えるなら法人化も視野に入れる ……………… 262
- 副業がバレにくい確定申告の方法 ……………… 264
- マイナンバーと副業の注意点 ……………………… 266

おわりに ……………………………………………… 268

装丁／二ノ宮匡 (nixinc)

本文デザイン／飯富杏奈 (Dogs Inc)

DTP・図表制作／横内俊彦

イラスト／大崎メグミ

編集協力／三上和弘

協力／税理士沖見圭介

本書の見方

本書の第2〜8章では、カテゴリー別に100種の副業を紹介しています。

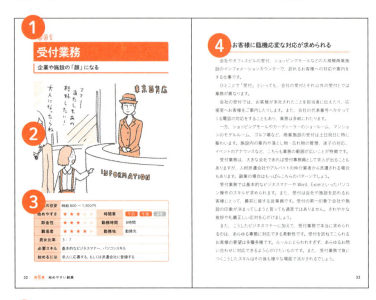

1 副業名

2 副業のイメージイラスト

3 収入の目安や働く時間帯などの基本データ

4 副業の紹介

※収入の金額、その他のデータは統計、求人情報、口コミなどをもとに算出しております。
※各副業の資格情報やデータなどは2017年9月現在のものです。イラストはイメージです。
※本書に出てくる商品、サービス名は登録商標であるものが含まれていますが、
　本書では®やTMは省略しております。
※本書に記載した情報や意見によって読者に発生した損害や損失については、著者、発行者、
　発行所は一切責任を負いません。副業における最終決定はご自身の判断で行ってください。

SIDE JOB

第 1 章

副業のすすめ

近年実施された調査では、勤めている人の半数以上が「副業をしたい」と回答しています。今や副業は珍しいことではないのです。この章では、副業が注目される理由や副業のメリット・デメリット、自分に合った副業の見つけ方など、副業を始める前に知っておきたい基本的な情報を解説します。

今副業が注目されているわけ

SIDE JOB

あなたは今の収入と生活スタイルに満足していますか?

　会社勤めをしている人は、月々の収入がほぼ決まっていて、その収入の使い方で生活スタイルが決まるのではないでしょうか。現状で大満足という方はいいのですが、そうでない方も多いようです。

　近年の調査では、勤めている人の半数以上が「副業をしたいと考えている」と答えています。その理由としては、「知見・視野が広がる」「新しい人間関係の構築」といったスキルアップや自己実現を目的としたものが多く、「報酬が得られる」といった経済的な理由も3割以上を占めています(図表1)。

　いずれにしても、本業以外に仕事を持つということは経済的にも精神的にも一種の「安心感」「充実感」をもたらしてくれます。

　副業はあなたが望む生活スタイルを手に入れる1つの手段となるかもしれません。

　また、政府は多様な働き方を認める「働き方改革」を提唱しています(2017年10月現在)。

　本書では働き方改革自体の詳しい解説は控えますが、これによって副業を認める会社が少しずつ増えてきたことや、時間外労働の削減による残業手当の減少など、仕事を取り巻く環境の変化も副業に興味を示す

14　第1章　副業のすすめ

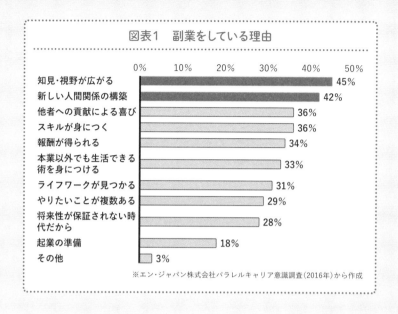

人が増えた理由といえるでしょう。

　その一方で、仕事の自動化も進んでいます。大手宅配業者は業務全体の20％を占めるといわれる再配達を減らすために宅配の自動化に取り組んでいますし、長崎県にオープンしたロボットが接客することで有名な「変なホテル」は、従業員がわずか7名程度ともいわれています。

　また、この先10年で世の中の仕事の47％がロボットに取って代わられるともいわれているほどです。人口減少対策とコスト削減のため当然の流れなのかもしれませんが、将来に不安を抱く人も少なくないでしょう。

　今のうちに副業を実践して本業以外にも収入の柱を作り、自身のスキルアップを図っておいたほうが得策かもしれません。

始める前に知っておきたい
副業の基礎知識

SIDE JOB

副業はメリットとデメリット双方を
理解した上で始める

　副業を始めるにあたって、知っておいたほうがいい基本的な知識があります。具体的な法律や税金の話は第9章でお伝えするとして、ここでは副業のメリットとデメリットを紹介しましょう。

副業のメリット

❶ 収入が増える

　当たり前ですが、副業をするとその分収入が増えます。それまでは本業で決められた給料をもらっていただけだったところに、副収入が入るのですから、これは一番の喜びでしょう。

❷ 好きな仕事を選べる

　本業ではなかなか希望の職につけないものですが、副業では自由に仕事を選べます。やりたかった仕事につくチャンスです。

❸ 人脈が広がる、知識が増える

　本業以外の人と出会うことで人脈が広がり、本業では得られない分野の知識を増やすことができます。

❹ 自分で稼ぐ力が身につく

　本業以外にも収入の柱を作ることで、万が一リストラや倒産などの憂き目にあったときでも慌てなくて済みます。

図表2　副業のメリットとデメリット

収入が増える　仕事を選べる　　　　　自由な時間が減る

人脈が広がる　稼ぐ力がつく　　　　　体調管理が必要

副業のデメリット

❶ 時間のやりくりに工夫が必要

本業の合間を縫って働くことになるため、スケジューリングを徹底しないと、本業に差し障りがあります。

❷ 一層の体調管理が必要

副業は本業の合間の、本来休むべき時間を使って働くことになります。健康面にも留意しなければ身体を壊しかねません。

ほかにも様々なメリット、デメリットがあります。また副業の種類によってもそれは変わってきます。あなたの本業との相性や、生活スタイルに合わせて副業を選ぶようにしましょう。

副業には「雇われる副業」と「雇われない副業」がある

SIDE JOB

勤めるか、自力で稼ぐかによって分けられる

　副業は大きく分けると「雇われる」ことで給料をいただく副業と、「雇われない」副業、つまり自力でお金を稼ぐ副業の2種類に分かれます。ここではその違いを見ていきましょう。

雇われる副業

　いわゆる「お勤めする」副業です。ジャンルも飲食店などの接客業から引っ越し作業などの体力勝負のもの、または事務作業など、多岐にわたります。

　雇われる副業の場合、メリットとして「働いた分だけ確実に給料がもらえる」点が挙げられます。そのため、確実に収入を得たい人にはおすすめです。また、本業での経験がなくても「やってみたい！」と思った業界に勤めることができれば、その道の知識を得ることもできます。

　逆に本業との時間調整を慎重にやらなければいけないという点はデメリットかもしれません。ただし、これは仕事を探す段階で求人情報からある程度の予測が立てられるでしょう。

雇われない副業

　どこにも勤めずに自力で稼ぐ副業のことです。例えば、ネットオークションやアフィリエイトなどのインターネットを使う副業がこれにあたりま

図表3　2種類の副業の特徴

雇われる副業	雇われない副業
● 確実に収入を得られる	● 自分のスキルで収入が決まる
● やってみたかった業界の仕事ができる可能性がある	● すき間時間でもできる
● 時間の調整が必要	● 収入を得るまで時間がかかることがある
	● 成功すれば独立も可能

す。自身のスキルを活かしたイラストやライティング、講師業、カウンセラーなどフリーランスで活動できるタイプの副業もあてはまります。

　すき間時間をうまく活用できるというメリットがある反面、収入になるまでに時間を要したり、毎月の収入が安定しないことなどがデメリットとして挙げられます。ただ、うまくいくと収入は青天井ですし、やがては本業を辞め、独立を目指すことも可能でしょう。

　これらはどちらのタイプが良い、悪いという話ではありません。あなたが副業をする目的や生活スタイルに合った方法を選ぶようにしましょう。

自分に合った副業の選び方

SIDE JOB

時間帯、賃金、好きかどうかの
3点を基準にする

　副業を始めるにしても、できるだけあなたに合った副業を見つけなければいけません。あなたに不向きな副業はいくら頑張っても苦痛でしかなく、長続きはしません。仮に続けられたとしても、恐らく身体か気持ちのどちらか、あるいは両方が疲弊してしまうかもしれないので、注意が必要です。

時間帯で選ぶ

　副業の選び方の1つに「時間帯」で選ぶという方法があります。あなたの本業の休みの日、あるいは業務時間外にできる副業を選ぶという方法です。

　ただし、本来なら身体を休めるべき時間を使って仕事をするわけですので、できるだけ体力面での負担の少ない仕事を選ぶことをおすすめします。

賃金で選ぶ

　あなたが必要とする1ヶ月の副収入額を基準に選ぶ方法です。お金が必要な方はこの方法で副業を選ぶケースが多いですが、高単価の仕事となると専門職か、そうでなければ体力的にキツイ仕事に偏りがちです。本業に差し支えないよう気をつけて選択しましょう。

図表4　3つの選び方の特徴

①時間帯	②賃金	③好きな仕事
本業が休みの日。あるいは早朝、深夜など、本業の業務時間外で働きやすい時間帯を基準にする	1ヶ月あたりの必要な収入額を基準にする	やりたい仕事、興味のある仕事かどうかを基準にする

好きかどうかで選ぶ

　これが一番身体的にも精神的にも負担の少ない選び方といえるでしょう。なぜなら、あなたがやりたいことや、興味のある職種で副業を選ぶことになるので、比較的楽しく仕事ができるからです。

　楽しいと長続きしますし、結果的にしっかりとした副収入を得られる可能性も高くなります。

　いずれの選び方にしても、そもそもあなたが「なぜ副業をしたいのか」という目的が明確かどうかで、選び方も変わってくるということですね。

副業の目標と費やす時間

SIDE JOB

目標や費やす時間を
明確に決めてから副業を始める

副業の目標

　前項の自分に合った副業の選び方でも少し触れましたが、あなたが副業を始めるにあたって、まずは「月にいくら副収入が欲しいのか」という目標をはっきりさせましょう。

　もしくは「金額ありきではない、スキルアップだ」という場合は、何のスキルをどのレベルまで磨くのかという目標を明確にしましょう。

　目標が曖昧なまま副業を始めると、モチベーションダウンや惰性でダラダラと続けることにつながり、ひいては副業を断念するという結果を招きかねません。

副業に費やす時間を明確にする

　さらに、副業に費やす時間もできる限り明確にしてください。できれば、図表5のように円グラフのような24時間時計を書いて、日々の生活時間を把握するところから始めるといいでしょう。

　その際、平日用と休日用を書いてみてください。そうすることで、より正確にあなたの「副業可能な時間帯」を把握できるからです。例えば図表5の場合、平日は夕食・風呂などのリラックスタイムを削れば、時間を捻出できるでしょう。

22　第1章　副業のすすめ

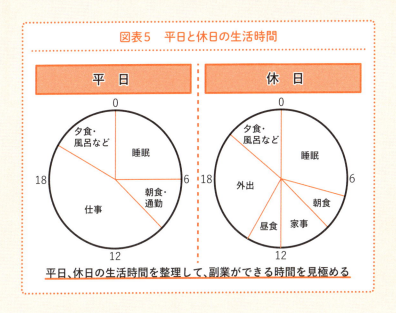

図表5　平日と休日の生活時間

平日、休日の生活時間を整理して、副業ができる時間を見極める

　まとまった時間が取れそうなら「雇われる副業」、すき間時間が多いのなら「雇われない副業」という選び方もできます。「雇われる副業」でもコンビニエンスストアなど、業種によっては短い時間でシフトを組んでもらえるものもありますので、すき間時間でできる仕事を探すといいでしょう。

　また、できるだけスケジュールを詰めすぎず、少しはゆとりを持たせることも忘れないようにしてください。くどいようですが、あくまでも心身ともに健康で、元気だからこそ副業ができるのだということをお忘れなく。

副業がうまくいく人、いかない人

SIDE JOB

うまくいく＝キツさに耐えられる ではない

副業はそもそも本業の合間を縫って行われることから、どうしても「体力勝負」とか「精神力勝負」など、キツイものというイメージがつきまといがちです。

しかし、実際に副業がうまくいくかどうかは、そうした「キツさに耐えられるかどうか」で決まるものではありません。「自分を律することができるかどうか」、つまり「本業」「プライベート」「副業」のバランスがとれるかどうかで決まってくるものなのです。

例えば、副業を始めていよいよ副収入が入り始めると、ついつい「あと1時間頑張ったら目標額達成」と無理をしてしまったり、逆に「今日はちょっとしんどいからサボろう、お小遣い足りてるし」などと怠けてしまったりしてしまいがちです。

しかし、こうした無理や気の緩みが、副業の失敗へとつながっていくのです。無理をすると当然、身体を壊しかねませんし、眠気や疲れで本業の仕事に差し障りがあるかもしれません。

また、気の緩みは怪我や事故につながりかねませんし、最初は少し休むだけのつもりが、本業ほどの責任感のなさからそれが常態化して、サボりぐせがついてしまうこともあります。

こんな状態になってしまっては、もはや副業を続けることは不可能で

図表6　副業が失敗しやすい原因

無理をしてしまう

- 睡眠時間の減少、体力の消耗などによって本業にも悪影響

サボり癖がついてしまう

- 少し休むだけのつもりでも、常態化してしまう恐れがある

自分を律することができないと、副業は失敗する

しょう。そうならないためにも「無理そうな仕事は引き受けない」「やばそうと思ったら断る勇気」を持ちましょう。

　つまり、「副業がうまくいくかどうか」は「キツさに耐えられるかどうか」ではなく、「自分を律することができるかどうか」で決まるということです。そういう意味でも、P.20でお伝えしたように好きなことを楽しくできているかどうかが、副業成功の鍵を握っているともいえるでしょう。

本業や家庭との両立のために気をつけたいこと

SIDE JOB

「目標を達成するため」だけでは両立はできない

本業との両立

本業との両立で気をつけたいことは、「時間」と「体力」、そして「金銭感覚」です。

❶ 時間

管理しているつもりでも、思わぬ事態が発生することがあります。例えば、突然の残業で副業先に遅刻してしまったり、家族の急病でスケジュールが崩れてしまったりするなどです。管理ミスで、仕事のダブルブッキングをしてしまうといったこともありえます。イレギュラーな事態はいつ起こるかわかりません。副業のスケジュールを詰め込みすぎず、少し余裕を持たせておくほうがいいでしょう。

❷ 体力

副業に熱が入りすぎてしまい、働きすぎによる体調不良に陥らないよう、体調管理には十分気をつけましょう。

❸ 金銭感覚

副収入を得ると、財布の紐がゆるくなりがちです。同僚から「急にリッチになった」と思われると副業発覚につながりかねません。

家庭との両立

副業をするとどうしても働きに出る時間が増え、家族と過ごす時間が

図表7　本業に支障をきたさないための3つのポイント

❶時間	❷体力	❸金銭感覚

常にイレギュラーな事態に備え、本業と副業のダブルブッキングには特に気をつける	過労による体調不良を防ぐため、睡眠時間や食事に気をつける	収入アップによる散財は、同僚から疑いを持たれる原因になりやすいので気をつける

減る傾向になります。家庭では次の3点に気をつけましょう。

❶ **副業の目的を家族と共有する**

何のために副業をしているのかを話しておきましょう。これができていると、家族から応援してもらえる可能性も高くなります。

❷ **たまには家族に収入を還元する**

副収入を自分のため、目的のためだけに使うのではなく、たまには家族で食事、お出かけなど家族に還元することをおすすめします。

❸ **計画的に家族の時間を作る**

月に1回は休日を家族で過ごす、毎日1時間は家族と過ごすなど、家族と過ごす時間を確保しましょう。

家族とのコミュニケーションが減ると、「副業なんてやめて」と言われかねません。家族との時間を確保する努力は惜しまないようにしましょう。

こんな副業には要注意！

SIDE JOB

本業以上に過酷なブラック副業に
陥らないために

　副業にも様々なジャンルがあり、様々な働き方、収入発生の仕組みがあります。どれを選ぶのも自由ですし、前述したようにあなたの本業や生活スタイルに合ったもの、あるいはあなたの大好きな仕事を選ぶといいでしょう。

　ただし、中には気をつけなければならない副業もありますので、選ぶときは十分に注意しましょう。

労働条件が違う

　昨今、ブラック企業・ブラックバイトといった言葉が聞かれるようになりました。副業でも募集段階で提示されていた労働条件とは違う条件で働かされるケースがあります。

　交代制のはずが出突っ張りになる、残業代がつかない、といった具合です。酷いケースになると、提示されていた時給と実際の時給が違うといったこともあります。

　これらの条件は働き始めなければわからないことでもありますが、もしあなたが副業を始めてからブラック雇用だと感じたら、無理せず辞めるという選択肢も頭に入れておいてください。

　働き始める前のスタッフ募集要項の条件が、仕事内容に比べて良すぎる場合は警戒したほうがいいかもしれません。

28　第1章　副業のすすめ

図表8　ブラック雇用を見抜くには

以下のような副業には警戒する

- 仕事内容に比べて待遇が良すぎる求人
- 研修費、教材費などの名目で金銭を要求される
- 一部の人だけがお金を稼いでいる仕組み
- 雇い主や紹介者の人柄が信用できない

ブラック雇用だと感じたら無理せずに辞める

詐欺的な副業

それとは別に「詐欺的」な副業も存在します。

例えば、「月収〇〇万円可能！」と謳っておきながら、実際に応募すると「研修費として〇〇万円必要です」と先にお金を払わされるケースや、マルチネットワーク的に一部の人だけが稼いでいて、他の人はその人の稼ぎのためだけに利用されるケース、情報販売といった「稼げる方法」を買わせて、中身は「これと同じことをやれ」というだけのものなど様々です。

こうしたものに引っかからないためには、あまり「一攫千金」の夢を見すぎないことと、雇用主や仕事を紹介してくれる相手の人間性を見抜くことが大切です。

SIDE JOB

第 2 章

始めやすい副業

この章から第8章までは、カテゴリー別に100種類の副業を紹介します。この章では、第1章で紹介した「雇われる副業」を中心にすぐに始められて、収入を得ることができる副業を紹介します。報酬も日払いや月払いのため、収入を手に入れるまでの期間が決まっていることも特徴です。

▶ 001

受付業務

企業や施設の「顔」になる

収入の目安	時給800〜1,300円
始めやすさ	★★★☆☆
即金性	★★★☆☆
難易度	★★★★☆
男女比率	3：7
必要スキル	基本的なビジネスマナー、パソコンスキル
始めるには	求人に応募する、もしくは派遣会社に登録する

時間帯	午前　午後　深夜
勤務時間	8時間
勤務地	勤務先

訪れるお客様に臨機応変な対応が求められる

　会社やオフィスビルの受付、ショッピングモールなどの大規模商業施設のインフォメーションカウンターで、訪れるお客様への対応や案内をする仕事です。

　ひとことで「受付」といっても、会社の受付とそれ以外の受付とでは業務が異なります。

　会社の受付では、お客様が来社されたことを担当者に伝えたり、応接室へお客様をご案内したりします。また、会社の代表番号へかかってくる電話の対応をすることもあり、業務は多岐にわたります。

　一方、ショッピングモールやカーディーラーのショールーム、マンションのモデルルーム、ゴルフ場など、商業施設の受付は土日祝日に特に賑わいます。施設内の案内や落とし物・忘れ物の管理、迷子の対応、イベントのアナウンスなど、こちらも業務の範囲が広いことが特徴です。

　受付業務は、大きな会社であれば受付事務員として求人が出ることもありますが、人材派遣会社やアルバイトの仲介業者から派遣される場合もあります。副業の場合はもっぱらこちらのパターンでしょう。

　受付業務では基本的なビジネスマナーや Word、Excel といったパソコン操作のスキルが求められます。また、受付は会社や施設を訪れるお客様にとって、最初に接する従業員です。受付の第一印象で会社や施設の印象が決まってしまうと言っても過言ではありません。さわやかな挨拶や礼儀正しい応対を心がけましょう。

　また、こうしたビジネスマナーに加えて、受付業務で本当に求められるのは、あらゆる事態に対応できる柔軟性です。受付を訪ねてこられるお客様の要望は多種多様です。ルールにとらわれすぎず、あらゆるお問い合わせに対応できるよう心がけたいものです。また、受付業務で身につくこうしたスキルはその後も様々な場面で活かされるでしょう。

▶002 警備員

正義感と責任感が求められる副業

収入の目安	日給8,000～12,000円		
始めやすさ	★★★★★	時間帯	午前 午後 深夜
即金性	★★★★☆	勤務時間	6～8時間
難易度	★★★☆☆	勤務地	勤務先
応募資格	19歳以上、犯罪歴・暴力団との関係がない者		
男女比率	9：1		
始めるには	警備会社の求人に応募する		

企業や施設の安全を守る

　オフィスや商業施設などで、従業員やお客様が事故や事件に巻き込まれないように守る仕事です。

　警備業務は、大きく4つに分類されます。「施設警備業務」「雑踏警備・交通誘導警備業務」「輸送警備業務」「身辺警備業務」の4つで、警備業法という法律により分類されています。それぞれの特徴を見てみましょう。

　まず、施設警備業務は住宅やビル、遊園地、スーパー、ホテルなどの施設で警備を行う仕事です。施設を訪れたお客様の安全を確保し、運営が滞りなく進む手助けをしています。

　雑踏警備業務はイベント会場やコンサート会場で、交通誘導警備業務は、道路工事現場や駐車場出入口などで人や車の交通整理を行う仕事です。

　輸送警備業務は、現金や貴重品、金品などの物品を輸送する際の警備を行います。

　最後に身辺警備業務ですが、これはいわゆる「ボディガード」と呼ばれるもので、特定の人物に対する身体への危害、生命への危険などから、その人を守る仕事です。

　副業で警備員をする場合、多くは施設警備業務か雑踏警備・交通誘導警備業務のいずれかです。

　警備員になるためには、警備会社の求人に応募します。資格や経験がなくても、応募できる求人も多く、採用後に所定の警備員研修を受けてから勤務します。18歳未満の人、過去に犯罪歴がある人、暴力団関係者などは警備員になることができません。

　一見単調な仕事に見えてしまうこともありますが、いざというときには持ち前の正義感や使命感を発揮して活躍する大切な仕事です。

▶ 003

交通量調査員

収入と作業のバランスがいい人気副業

収入の目安	時給1,000〜1,500円		
始めやすさ	★★★★☆	時間帯	午前 午後 深夜
即金性	★★★★★	勤務時間	12〜24時間
難易度	★☆☆☆☆	勤務地	調査地
特徴	拘束時間は長いが、時給が高い		
メリット	勤務終了と同時に即日払いが多い		
始めるには	求人誌や求人サイトから求人に応募する		

体力を必要としない調査

　交差点や商業施設の前で、道を通る通行人や自動車の数を数える仕事です。計測地点に椅子を置き、目の前を調査対象が通るたびにカウンターでカウントしていきます。

　調査対象は依頼主によって多岐にわたります。通る車を車種ごとに計測したり、通行人を性別や年齢に分けて計測したりすることもあります。公共機関やデベロッパー、マーケティングやコンサルティング会社がこうした調査を依頼します。

　交通量調査員は人気の副業で、12〜24時間と拘束時間は長いですが、時給は1,000〜1,500円と高く、短い期間にまとまったお金を手にすることができます。また、拘束時間のすべてを調査に費やすわけではなく、2〜3時間の調査と1時間の休憩を交互に繰り返すため、体力面でも本業に支障をきたさないでしょう。

　始めるために資格や経験も必要なく、求人サイトなどで情報をチェックし、応募します。調査も座ったままの軽作業のため難しくなく、コミュニケーションを取る必要もないため、精神的負担も少ないでしょう。

　このように人気の高い交通量調査員ですが、その人気ゆえに求人に対する競争率が高く、継続して勤務することが難しいのが実状です。

　また、座ったままとはいえ、ほとんどの作業が屋外となるため、天候の影響を受けます。雨が降ったり、炎天下であったり、また極端に気温が低い日でも調査は行われます。タオルや携帯カイロなど、気温に適応するための装備は欠かせません。作業の単調さも眠気を誘う可能性がありますので、体調を万全に整えた上で仕事に臨みましょう。また、排気ガスへの対策も必須です。自動車の交通量が多い場所に長時間いると、排気ガスで気分が悪くなることもありますので、マスクも必ず持参しましょう。

▶ 004

試験監督

入学試験や資格試験で運営をサポートする

収入の目安	時給 900 〜 1,100 円		
始めやすさ	★★★★★	時間帯	午前 午後 深夜
即金性	★★☆☆☆	勤務時間	1〜8時間
難易度	★★☆☆☆	勤務地	試験会場
募集時期	9〜10、12〜2月、ほか各種試験日程に準じて		
服装	スーツ、革靴など		
始めるには	求人誌や求人サイトから求人に応募する		

監督以外にも様々な仕事がある

　予備校の模試や国家試験、資格試験の試験会場で受験者の監督をする仕事です。

　仕事の内容は、答案用紙の配布・回収、注意事項の説明、受験票の顔写真と受験者本人との確認、試験中の不正行為の監視、会場での受験者のサポートなどが基本です。加えて、最寄り駅から試験会場への受験者の誘導なども仕事に含まれることがあります。

　また、経験を積めばマイクを使って試験の注意事項のアナウンスをすることもあります。

　試験監督は1教室30〜50人ぐらいの受験者を2人1組で担当します（少人数の場合はこの限りではありません）。

　万が一不正行為を発見した場合でも、あらかじめ運営側から対応方法を教えられますので、慌てず冷静に対応しましょう。

　試験監督の仕事をするには、アルバイトの求人情報などを見て応募をするのが一般的です。

　試験が集中する時期には求人情報が多数見られますが、定期的に働きたい場合はTOEICの試験シーズンや予備校の模試の時期などをあらかじめ確認しておくといいでしょう。

　会場へのアクセスや、労働条件が良い場合は応募者も多くなる傾向にあります。一度仕事をすると、経験者を中心に求人情報を提示してくれる会社もあります。まずは、どんな会場でも一度トライしてみるといいでしょう。

　また、服装はスーツ、革靴着用が一般的です。無精ヒゲや金髪のような派手な髪色、ピアス、派手なネイルは禁止です。本業でスーツを着て働いているのであれば普段の服装と変わりませんので、特別な用意も必要ありません。

▶005
仕分けスタッフ
単純作業でコツコツ稼ぐ

収入の目安	時給900～1,200円		
始めやすさ	★★★★☆	時間帯	午前 午後 深夜
即金性	★★★★☆	勤務時間	4～10時間
難易度	★★☆☆☆	勤務地	倉庫、配送センターなど
求人が多い時期	お中元、お歳暮シーズン、年末年始		
必要スキル	特になし		
始めるには	派遣会社に登録する		

登録スタッフには女性も多い

　宅配会社の倉庫や配送センター、メーカーの工場などで商品を発送先別に仕分ける仕事です。

　近年、ネット通販が普及し、宅配利用の需要が増してきたことから、多くの人手を必要としています。

　仕分けスタッフの仕事は、倉庫や配送センターに集まった大量の荷物を1つひとつ手作業で発送先ごとに決められた場所に移していくことです。中には重い荷物もありますが、作業自体は単純なため、特別な資格やスキルは必要ありません。

　会社によっては、仕分けのほかに梱包や検品といった作業が含まれることもあります。荷物の量や内容物も会社や時期によって異なります。仕分け後、トラックへ積み込みを行うこともあり、仕事の内容は求人に応募する前に確認しておくといいでしょう。

　お中元やお歳暮、年末年始などの繁忙期には、24時間体制で作業が行われることもあります。その場合、深夜の求人も多く出されていますので、金曜日や土日の深夜を使って短期間で効率的に働くこともできます。

　1日〜1週間程度の短期スタッフの募集も多く、本業の合間に無理せず働けるのもメリットです。

　荷物を運ぶ仕事のため、男性が多いイメージを持たれがちですが、女性も多く働いています。女性はメール便など比較的軽い荷物を担当することが多いようです。配送センターによっては、生鮮食品などを扱う冷蔵庫内での作業もあります。

　また、会社によってはフォークリフトの免許を持っていると時給が上がるケースもあります。

▶ 006

深夜営業店舗の店員

夜間に高収入を狙える王道副業

収入の目安	時給1,000〜1,500円		
始めやすさ	★★★★☆	時間帯	午前 午後 **深夜**
即金性	★★☆☆☆	勤務時間	3〜8時間
難易度	★★☆☆☆	勤務地	勤務先店舗
メリット	昼間より時給が高く設定されている		
リスク	体調管理が必須		
始めるには	店舗の求人に応募する		

収入と体調のバランスを見極めること

　本業が終業した後の時間を有効活用し、効率よく収入につなげられるのが深夜営業のお店での副業です。

　最近では、大手のファミリーレストランなどで24時間営業を取りやめる店舗も出てきましたが、コンビニやファーストフード、居酒屋などを中心に深夜営業や24時間営業のお店は数多く存在します。

　こうした深夜の仕事のメリットは、なんといっても時給が高いこと。仕事の基本的な内容は、日中とそれほど変わりませんが、夜間はお客様が少ないため、昼間にできない商品の補充や食材の発注、店内の掃除、駐車場のゴミ拾いなど、メンテナンス業務が行われることもあります。

　また、日中の仕事でも共通していえることですが、店員向けにマニュアルが用意されていることが多く、マニュアルに沿って業務を行っていけば、難しいと思える仕事も覚えることができるでしょう。

　ただし、深夜に行う副業は身体に負担がかかりますので、あくまでも体調第一とし、働く日数を多く取り過ぎないよう注意しましょう。体調を崩してしまっては本業に影響が出てしまうだけでなく、副業を続けることもできなくなってしまいかねません。

　それでも深夜営業店舗での副業には、普段の仕事であまり出会うことが少なそうな学生やフリーター、主婦など、様々な世代のアルバイト仲間と交流できる面白みがあります。そうした多様な年齢層の人たちとの会話は新鮮で、学びも多いことでしょう。

▶007
人力車車夫

粋でいなせな和の副業！

収入の目安	時給1,000〜3,000円（褒賞金含む）
始めやすさ	★★★☆☆
即金性	★★★★☆
難易度	★★★☆☆

時間帯	午前　午後　深夜
勤務時間	4〜8時間
勤務地	勤務先

賃金体系	会社によって歩合制あり
必要スキル	研修で身につけられる
始めるには	観光人力車を提供している会社の求人に応募する

外国人観光客にも人気！　体力と知力が必要

　京都や浅草など様々な観光地で、人力車を引いて観光案内をしている場面を見たことがある人も多いのではないでしょうか。人力車はもともと、明治時代から昭和初期にかけて人々の重要な移動手段を担う乗り物でした。

　最近では、観光地での観光案内だけでなく、イベントやお祭り、披露宴会場へ新郎新婦を送り届けるなど、様々な場面で活躍しています。

　人力車車夫は、観光人力車を提供している会社の求人に応募することで始めることができます。

　最初は、人力車の引き方、観光地の名産や観光情報の座学、お客様をきれいに撮るための写真の撮り方など、様々な研修を受けることから始まります。研修の中では、先輩車夫の働き方を間近で見学することもあるようです。そうして基礎を身につけたら、いよいよ車夫としてデビューとなります。

　日本のおもてなしや風情を感じられる人力車は、外国人観光客からも人気があります。語学力に自信があれば、思う存分活かすチャンスがあるでしょう。

　人力車は速いときで時速8〜10kmほどのスピードが出ます。また重量は人力車だけで約95kgあり、お客様を乗せると重さは倍以上になります。1日中引いて走ると、かなりの体力が求められるため、男性が多い副業のように思われますが、女性も活躍しています。

　報酬は会社によって異なり、時給1,000〜3,000円と大幅な開きがあります。これは、各社によって定められた「褒賞金」が含まれているためで、会社によっては時給制ではなく、乗せたお客様の数に応じて収入が決まる歩合制に変更してもらうこともできます。やる気と技術次第で高収入も見込める副業といえるでしょう。

▶008
清掃スタッフ

朝夜のすき間時間に稼げる

収入の目安	時給900〜1,200円		
始めやすさ	★★★★☆	**時間帯**	午前　午後　深夜
即金性	★★☆☆☆	**勤務時間**	2〜4時間
難易度	★★★☆☆	**勤務地**	オフィスビルや店舗など
向いている人	1つの作業に集中できる人		
メリット	早朝や夜など本業の出勤前、退社後にも働ける		
始めるには	清掃会社の求人に応募する		

出勤前のウォーミングアップにも最適

　オフィスビルやマンション、レストラン、パチンコ店などの清掃をする仕事です。

　オフィスビルであれば働いている社員がいない平日早朝や夜、土日祝日といった時間帯に、レストランやパチンコ店といった商業施設でも閉店後のお客様がいない時間帯に作業を行います。いずれも出勤前や退社後に働くことができ、特別な資格も必要ないことから人気を集めています。

　「清掃の仕事は重労働なのでは」と思われがちですが、実はそれほど「力仕事ばかり」というわけではありません。もちろん清掃現場や扱う器具によりけりですが、専門的な重い機械などは経験豊かな清掃会社の社員が使います。平日早朝であれば、出勤前の運動も兼ねて仕事ができるでしょう。

　オフィスビルでは、廊下や階段、壁、トイレ、給湯室といった箇所の清掃を行います。少し特殊な事例ですが、パチンコ店であれば閉店後の22〜24時にかけて店内のパチンコ台を清掃するといった仕事もあります。それ以外にも、病院や遊園地といった施設の掃除もあります。

　これらの清掃スタッフは、時給900〜1,200円が一般的で、必要な道具は清掃会社がすべて貸し出してくれます。靴やタオルのみを持参すれば仕事ができるでしょう。

　清掃会社の求人は、アルバイト情報サイトに安定して掲載されています。早朝や夜間など、自分が希望する勤務時間帯を考えた上で条件に合う会社に応募しましょう。

　なお、1回の勤務時間が短く、すき間時間を埋められるのが清掃スタッフの魅力ですが、仕事を入れすぎて本業に支障をきたすことのないように注意しましょう。

▶ 009 選挙スタッフ

国家の根幹に触れる仕事

収入の目安	日給8,000～10,000円		
始めやすさ	★★★★☆	時間帯	午前 午後 深夜
即金性	★★★☆☆	勤務時間	4～8時間
難易度	★★☆☆☆	勤務地	投票所
服装	スーツなどフォーマルな服装		
注意点	出口調査は気温に左右されない服装にする		
始めるには	求人誌や求人サイトから求人に応募する		

選挙の一端を担う大切な仕事

　国政選挙や地方選挙など、各地域の投票所で投票箱の設置や開票作業を手伝う仕事です。また、投票所の受付で入場券と引き換えに投票用紙を渡したり、有権者を誘導したりして、速やかな投票を促すのも選挙スタッフの仕事です。

　投票終了後に投票用紙を分類する開票のみを行うスタッフは、「開票スタッフ」と呼ばれることもあります。

　こうした仕事のほかに、選挙にまつわる仕事では投票所の出入り口で投票を済ませた人に支持政党や投票をした候補者についてのアンケートを行う「出口調査」もあります。

　出口調査は、投票所の設営や開票作業のスタッフとは違い、テレビ局や新聞社などのマスコミの系列会社や派遣会社などが求人を募集しています。

　投票日にテレビやラジオで放送される選挙速報が、開票後間もなく当選確実の候補者を発表できるのは、出口調査が行われているためです。マスコミ各社は、投票所で出口調査を行い、有権者の投票行動を分析し、それに基づき当選情報を放送しているのです。

　出口調査のアンケートは、目標人数が課せられており、効率よく回答を集める必要があります。また、基本的に投票所の外で働きますので天候の影響を受けやすく、猛暑や極寒、悪天候時には体力を消耗します。

　なお、同じ「選挙スタッフ」と呼ばれる仕事には、候補者の街頭演説の手伝いや、選挙カーでのウグイス嬢など、候補者の選挙活動そのもののサポートをする仕事もあります。ところが、こちらは金銭を受け取ってはならないと法律で決められたボランティアの仕事です。

▶010

ティッシュ配り

配り方だけでも結果が変わる

収入の目安	時給800～1,100円		
始めやすさ	★★★★★	時間帯	午前 午後 深夜
即金性	★★☆☆☆	勤務時間	1～8時間
難易度	★★★☆☆	勤務地	配布場所
リスク	繁華街では本業の同僚に副業がバレる可能性あり		
似ている副業	ポスティング、郵便配達		
始めるには	求人に応募する、もしくは派遣会社に登録する		

コツを掴めば早く配り終えることも

　駅前や商業施設の前に立ち、道行く人に広告が入ったティッシュを配る仕事です。ティッシュのほかに、割引券や化粧品などの試供品を配ることもあります。

　ティッシュ配りは、誰もが一度は目にしたことがある副業です。仕事内容も道行く人に街頭でティッシュを配るというシンプルなもの。報酬は時給制か、実際に配った数によって決まる歩合制があります。

　繁華街や人通りが多い駅前であれば、与えられた配布分を素早く配り終えられる可能性があります。ただ、仕事が早く終わるのは嬉しいことですが、時給制であれば短くなった労働時間分、報酬が少なくなります。

　一方、歩合制であれば配った数で報酬が決まりますので、早く終われるほうがお得です。

　派遣会社によっては、慣れるまでは経験豊富なスタッフと一緒に配置してくれることも多く、その場でティッシュ配りのコツを教えてもらうことができます。声のかけ方やティッシュの差し出し方など、些細なことで成果が変わります。ただし、外で立ちっぱなしであり、雨や雪、猛暑など天候にも左右され、ときにはハッピやキャンペーンジャンパーを羽織るなど、見た目以上にキツい仕事でもあります。

　配布元のスポンサーに成り代わって、宣伝物を配布するわけですので、やる気のなさそうな態度や疲れた表情での配布は厳禁です。

　なお、土日に求人が多いこともあり、普段会社勤めをしている人でも応募しやすく、人気のある副業でもあります。

▶011 テープ起こし

スキルアップでどんどん稼げる

収入の目安	1時間あたり5,000円以上		
始めやすさ	★★★☆☆	時間帯	午前 午後 深夜
即金性	★★☆☆☆	勤務時間	1〜8時間
難易度	★★★★☆	勤務地	自宅
必要スキル	基本的なパソコンスキルとワープロソフトスキル		
スキルアップ	音声起こし技能テストなどの受験		
始めるには	紹介会社に登録する、もしくはクラウドソーシングを利用する		

雑誌や新聞の記事の元になる仕事

　取材や講演などの音声をワープロソフトで文字にする仕事です。作成した文章は新聞やWebサイト、雑誌、書籍など様々な媒体に掲載される文章の元になることもあります。

　テープ起こしの仕事を始めるには、紹介会社に登録をするか、クラウドソーシング（P.196参照）を利用して仕事を探します。

　テープ起こしの仕事が決まると、依頼主から音声ファイルが送られてきます。それを聞きながら、Wordなど指定されたファイル形式に打ち込み、テキスト化して依頼主に納品します。

　テープ起こしの魅力は、指定された納品期限さえ守れば、自分の好きな時間に仕事ができるという点です。例えば、3時間分の音声を一度に打ち込んでもいいですし、5日かけて少しずつ進めても構いません。

　報酬は1時間の音声あたり5,000円前後が相場ですが、専門的な知識が必要な場合などは報酬が高くなる傾向にあります。

　またテープ起こしは自分のペースでできる仕事ですが、その作業自体は決して簡単なものではありません。音声を依頼主から指定されたファイルにする基本的なパソコンスキルが必要ですし、誤字や脱字、同音異義語の間違い、読みやすいように句読点を程よく入れるなどの国語力も必要です。

　収録された音声の長さの5〜6倍ほどの作業時間を要しますので、仮に1時間の音声を5,000円で請け負ったとしても、5時間かかれば時給は1,000円となります。時給だけで判断すると、それほど割のいい副業というわけではありませんね。

　なお、テープ起こしは熟練者でも音声の長さの3倍ほどの時間を要するといわれています。始めること自体は簡単でも、効率化や継続することを考えると、経験の積み重ねが必要な副業といえます。

▶012
土木作業員
花形ガテン系副業

収入の目安	時給800～1,000円
始めやすさ	★★★★☆
即金性	★★★★★
難易度	★★★☆☆
男女比率	8：2
あったらいいもの	タオル、マスク、着替え
始めるには	求人誌や求人サイトから求人に応募する

時間帯	午前 午後 深夜
勤務時間	6～8時間
勤務地	工事現場

安全第一の体力勝負

　道路整備や河川の工事、住宅やビルの建設作業、公園の整備など、様々な工事現場での仕事です。体力に自信のある人に向いています。短期間で高収入を得られるイメージもありますが、ときには数年かけて1つの現場に携わることもある大切な仕事です。

　工事現場といえば、作業員が大きな重機や機械を操縦している姿を見かけることも多いでしょうが、これらの作業には、免許が必要なこともあり、副業での土木作業員が関わることは稀でしょう。実際の現場では、足場を作ったり、プレハブを組み立てたりする手作業も多く、これらを間接的に支援するのが主な仕事です。

　地域や職種によっては、作業員の求人も多く、短期間・短時間でも雇ってもらえるチャンスがあります。こうした意味で、始めやすい副業の代表格ともいえるでしょう。

　始めるために特別な資格は必要ありませんが、体力と俊敏性が求められます。重い資材を何度も運んだり、同じ姿勢での作業が長時間続くなど、疲労が溜まりやすいこと、機敏に動かなければ現場の流れを滞らせたり、怪我をしたりしてしまう可能性があることなどにも気をつけましょう。始めたばかりのころは、筋肉痛に悩まされることもあります。そうした体への影響も考慮して、本業の前日に働くのは避け、土曜日に働き、日曜日は休養にあてるなど、自分なりに調整が必要です。

　現場によって異なりますが、基本的に貸し出されるものはヘルメットのみということも多いようです。状況に応じて滑り止めつきの軍手や、安全靴などを準備しましょう。天候や汗なども考慮し、着替えを持っていくことや、防塵用マスク、タオルなどの準備も忘れないようにしましょう。また、土や埃にまみれることも多く、直射日光も受けやすいので、人によっては、目薬、常備薬なども持参しておくと安心です。

▶013

ネットオークション

自宅の不用品が宝の山に？

収入の目安	商品の売上から手数料を引いた金額		
始めやすさ	★★★★★	時間帯	午前 午後 深夜
即金性	★★★★☆	勤務時間	制限なし
難易度	★☆☆☆☆	勤務地	自宅
資格	営利目的であれば古物営業許可		
必要設備	パソコン、スマートフォンなど		
始めるには	商品をオークションサイトに出品する		

迅速丁寧な対応が高評価につながる

「ヤフオク！」や「フリマアプリ　ラクマ」、「メルカリ」など、インターネットのオークションサイトやスマートフォンアプリを通して商品を販売します。落札されるとすぐに収入になる点、商品の写真を撮影し、説明文を加えるだけで手軽に出品できる点が人気の理由です。

まずは自宅にある不用品を出品することから始めるといいでしょう。自分にとっては不用品でも、世の中にはそれを必要としている人がいることもあり、そうした人に見つけてもらえると落札される可能性が出てきます。そのためには、より多くの人に商品を見つけてもらうための工夫や、「欲しい！」と思ってもらうための工夫も必要です。具体的には、出品する際に商品タイトルや説明文に検索されやすい言葉を入れる、商品の写真をきれいに撮るなどの工夫です。ただし売りたいからといって、誇大表現は厳禁ですので注意してください。

またオークションサイトには、落札者が出品者を評価する制度があります。良い評価が集まると落札される可能性も高まりますので、誠実で迅速な対応を心がけましょう。商品が落札されたあとは、落札者とのメッセージのやりとり、入金確認、梱包、発送など、細かい作業が多々あります。こうしたことにも地道に取り組める人に向いている副業といえるでしょう。

なお、自宅の不用品を処分する程度であれば、問題ありませんが、営利目的で中古品を仕入れ、出品・販売する場合は古物商の許可が必要になります。継続的な収入が欲しい場合などは、検討しましょう。

古物商の許可は、最寄りの警察署へ申請することで得られます。経済産業省の「インターネット・オークションにおける『販売業者』に係るガイドライン」では、販売業者とみなされるかどうかの細かい規定が記載されていますので参考にしてください。

▶ 014

農作業

作物、動物を育てる喜びを味わう

収入の目安	日給3,000〜6,000円		
始めやすさ	★★★★☆	時間帯	午前 午後 深夜
即金性	★★★☆☆	勤務時間	4〜8時間
難易度	★★☆☆☆	勤務地	農園
必要設備	レンタルで揃えることも可能		
リスク	無給や費用負担の場合もある		
始めるには	求人誌や求人サイトから求人に応募する		

給料は高くないが、貴重な体験ができる

　野菜や果物、花を育て、出荷する仕事です。牛や豚、鶏を育てる酪農も含まれ、いわゆる「農家」の仕事といえば、イメージが湧くかと思います。ただ、季節によって育てる農作物が異なるうえ、種まき、雑草取り、水やり、植え替え、収穫、仕分け、袋詰めなど仕事の内容は多岐にわたります。

　さらに、副業として単身で取り組むには、農作物を育てる広大な土地を用意したり、農作業に関する知識を身につけたりするなど、専門外からの参入が難しい仕事です。とはいえ、もっと気軽な方法として家庭菜園や地域の畑の一区画を借りて農作業をしている方もいます。しかしそのほとんどは副収入というより、野菜の自給自足や無農薬野菜の栽培が目的でしょう。

　副業として農作業をする場合、農園などで募集している求人に応募し、給料をもらいながら農作業を手伝うのが理想的です。土地や道具を自分で準備することなく、自然の中で働き、知識を身につけることもできます。ただし、こうした農作業の仕事は、給料が高くないことが多く、お金を稼ぐことを副業の第一の目的としている方には向いていません。求人の内容によっては、応募者が費用を負担して農業を体験させてもらう「就業体験」という形のところもあります。

　また、農作業は長時間にわたる野外での仕事です。普段デスクワークをしている人であれば、気分転換にもなりますが、作業によっては重労働になることもありますので、本業に支障をきたさないように注意しましょう。

　農作業を始めるにあたって、特別な資格は必要ありません。まずはアルバイトから始めて、いずれは脱サラを目指せることも魅力の1つでしょう。

▶ 015

引っ越しスタッフ

高給も狙える体力勝負の副業

収入の目安	日給8,000〜12,000円
始めやすさ	★★★★★
即金性	★★★☆☆
難易度	★★★☆☆
男女比率	7：3
身につくスキル	梱包、重い物を持つコツなど
始めるには	求人誌や求人サイトから求人に応募する

時間帯	午前 午後 深夜
勤務時間	6〜8時間
勤務地	勤務先

体を鍛えながらお金を稼げる

　引っ越しの搬出、搬入を手伝う仕事です。日払い、週払いで収入を得ることができ、短期間でまとまったお金が手に入ることからも人気の副業の1つです。引っ越しは土日に行われることが多く、土日限定のアルバイトを募集している会社もありますのでチェックしてみましょう。

　賃金は時給制で、1日に行う引っ越し件数によって労働時間も収入も変動します。また、朝から夕方にかけて1日で1〜3件を回ることが多く、どうしても1日中働いているようなイメージもありますが、実際はトラックでの移動時間もあり、実働時間は拘束時間よりも少し短くなります。

　引っ越しスタッフのアルバイトに求められるスキルは「体力」と「慎重さ」、そして「俊敏性」と「チームワーク」です。特別なテクニックが必要な作業やトラックの運転などは社員が行いますし、家具を傷つけないために壁や柱に施す養生などは現場で教えてもらえます。

　ちなみにエレベーターがあるマンションなら荷物を台車に乗せて移動できますが、階段しかないアパートなどは、重い荷物を持って何度も往復することになります。そのため、「体力」は必須のスキルです。また、家具類は慎重に運ばなければ、どこでどのような傷をつけてしまうかわかりませんし、落下させてしまうと破損してしまうかもしれません。しかしながら、俊敏に動かなければ作業が長引きますし、作業の足手まといにもなりかねません。大きな家具などは2人1組で運ぶことも多く、チームワークが問われます。体力だけでは勤まらないということですね。

　また、朝早く集合となる現場も多く、朝に弱い人や、遅くまで仕事をしているサラリーマンの方には辛いポイントかもしれません。

　しかし、引っ越しスタッフには、意外と副業のサラリーマンも多く、学生やフリーターなど普段の生活で接することの少ない人が多いのも魅力です。そうした仲間との話は気分転換にもなり、新鮮でしょう。

▶016
プール監視員

人命を守る夏の副業

収入の目安	時給900〜1,100円		
始めやすさ	★★★★☆	時間帯	午前 午後 深夜
即金性	★★★☆☆	勤務時間	4〜8時間
難易度	★★☆☆☆	勤務地	勤務先
必要知識	水質管理、事故発生時の対応など		
必要スキル	救命措置、救命器具の使い方		
始めるには	求人誌や求人サイトから求人に応募する		

利用者の安全のために働く

　プール監視員といえば、プールサイドの高い椅子に座り、プールサイドを走る、プールに飛び込むといった危険行為に対して注意・指導を行い、休憩時間にはアナウンスを行う仕事というイメージがありますが、実際の仕事内容は多岐にわたります。

　プールでの監視業務以外に、プールサイドや更衣室、駐車場などの清掃、浮き輪やパラソルなどの器具の貸し出しなども行います。

　また監視といっても、ただ泳いでいるお客様を見ていればよいというわけではなく、プールサイドに危険なものが落ちていないか、プールの水が汚れていないかといった利用者の安全を考えつつ、注意して見回りをします。

　市営プールや遊園地などの娯楽施設、小中学校で夏休みに開放されるプールなど、プール監視員として働ける場所はいくつもあります。

　ただし、施設によって屋内・屋外の違いがあり、働く環境が大きく異なります。屋内であれば、よほどのことがない限り大幅に体力を消耗することはありませんが、屋外での仕事は炎天下ですので、じっとしていても体力を消耗してしまいます。

　また、前日まで猛暑日が続いていても、急に気温が下がることもあります。副業として働く場合、翌日の本業に影響が出ないよう、プールの環境や体力、仕事のペースを考えて、体調管理に気をつけましょう。

　プール監視員は人命を預かる大切な仕事でもあります。プールには「溺れる」「転倒して怪我をする」など、様々な危険も潜んでおり、事故発生時には監視員の行動がお客様の命を左右しかねません。そうした責任感も問われる仕事です。

▶017

フットサル審判員

コミュニケーションスキルも磨かれる

収入の目安	時給800〜1,500円
始めやすさ	★★★★☆
即金性	★★★☆☆
難易度	★★★☆☆
資格	フットサル4級審判員（あれば優遇）
必要知識	フットサルの基本的なルール
始めるには	求人誌や求人サイトから求人に応募する

時間帯	午前　午後　深夜
勤務時間	4〜8時間
勤務地	試合会場

審判から大会運営まで担う

　スポーツイベントなどで開かれるフットサルの試合の審判をする仕事です。サッカーやフットサルを普段からプレーしている人、観戦している人にとっては、趣味と実益を兼ねた絶好の副業でしょう。

　フットサル審判員の仕事は、試合中の審判業務だけではありません。イベントや大会開催に必要な設営、準備、会場の案内、撤収までイベント全般の運営に関わります。

　フットサル審判員は、資格や経験の有無によってランクが分かれています。普通の審判員であれば、時給 1,000 ～ 1,200 円が一般的ですが、大会運営の責任者であるディレクターになれば、時給は 2,000 円ほどになります。

　勤務時間は、試合数に応じて変わりますが、概ね4～8時間ほど。土日両日に大会があり、1日8時間であれば3万円以上稼ぐこともできます（ディレクターの場合）。

　フットサル審判員になるには、スポーツイベント会社のフットサル審判員募集の求人に応募する必要があります。資格がなくても、面接の結果採用されれば、フットサル審判員の仕事をスタートすることができますが、大会によっては資格が必要なこともありますので、可能であれば取得しておくに越したことはないでしょう。

　資格取得を検討したら、まずは日本サッカー協会（JFA）公認の「フットサル4級審判員」の取得を目指しましょう。取得には、講習の受講、筆記試験、実技試験をクリアする必要があります。特に実技試験は、審判員としての実務経験が活かされますので、資格がない状態からでも審判員の仕事を始めるメリットはあるといえるでしょう。

　また、フットサル審判員は 40 分の試合時間中、コートの中を走り回るため体力も欠かせません。

▶ 018

ポスティング

土地勘×住宅の特性×効率化が鍵

収入の目安	1枚2〜5円		
始めやすさ	★★★★★	時間帯	午前 午後 深夜
即金性	★★☆☆☆	勤務時間	1〜6時間
難易度	★★★☆☆	勤務地	配布地域
注意点	配布禁止の家には配らない		
似ている副業	郵便配達、ティッシュ配り		
始めるには	ポスティング会社の求人に応募する		

効率を追求して収入アップ

　指定された地域の住宅に企業やお店のチラシを投函する仕事です。自宅のポストに近隣の引っ越し業者や飲食店・宅配ピザの割引券などが届いた経験がある人も多いと思います。そのようなチラシを一軒一軒投函していくのがポスティングの仕事です。

　作業自体はチラシをポストに投函するだけの単純なものです。報酬は投函したチラシの枚数に応じた歩合制で、地域やポスティングの会社によって異なりますが、1枚あたり2〜5円が一般的です。始めは時給に換算すると700〜800円ほど、慣れてきて投函が速くなってくると時給1,000円越えも目指せます。

　ポスティングの仕事は常に求人があり、インターネットで検索するとすぐに見つかるでしょう。ポスティングの会社に登録すれば、勤務可能な日程・時間帯・地域に合わせて仕事を任されます。

　また、定期的にチラシを発行する店舗では、ポスティング会社経由ではなく、直接求人を出しているケースもあります。

　ポスティングの仕事で高収入を狙うなら、とにかく時間あたりに投函できる枚数を増やすことです。枚数増に結び付きやすい要因は主に2つあります。

　1つは、住んでいる地域やよく行く地域など、土地勘のあるエリアでポスティングをすること。もう1つは、マンションが多い地域を狙うこと。マンションは全世帯分の郵便ポストが1ヶ所に集まっているため、移動をせず大量に投函することができます。ただし、ポスティングを禁止しているマンションでは絶対に投函してはいけません。ポスティング会社へのクレームに発展してしまう恐れがあるからです。

　また、ポスティングの仕事は天候の影響を受けやすい仕事でもあります。体調管理には十分注意しましょう。

▶019

漫画喫茶

時給アップの深夜帯がおすすめ

収入の目安	時給800～1,000円		
始めやすさ	★★★★★	時間帯	午前 午後 深夜
即金性	★★☆☆☆	勤務時間	4～8時間
難易度	★★★☆☆	勤務地	勤務先
仕事の多さ	店の設備により異なる		
似ている副業	深夜営業店舗の店員		
始めるには	漫画喫茶の求人に応募する		

付帯設備の数で業務量が変わる

　漫画喫茶での受付や清掃、提供しているドリンク類の補充などが主な仕事です。

　最近ではほとんどの漫画喫茶で、漫画や雑誌が読めるだけでなく、パソコンでインターネットを利用できるようになっています。そのため、パソコンの動作確認や初期設定なども仕事の範囲に含まれます。

　受付での料金システムの案内や部屋の案内、本や漫画の整理、会計、清掃、食事の提供、パソコンの整備など、多くの仕事を担当します。大手のチェーン店であれば、教育体制やマニュアルもそろっていますので、安心して始めることができるでしょう。

　また、近年の漫画喫茶は、様々な付帯設備を増やすことで他店との差別化を図っています。ビリヤードやダーツといった娯楽設備や充実した食事メニュー、ビジネスホテル代わりに使うお客様が多い店ではシャワーを完備するなど、店によってその取り組みも様々です。そうした付帯設備が多ければ、清掃や点検といった仕事も増え、時給が高くなる可能性もあります。ただし、その分体力も使いますので、店舗の規模も考えて働くお店を選びましょう。

　そのためにもまずは、客として実際に店舗を利用してみるのもいいでしょう。実際にスタッフが働いている様子や店舗の設備を見ることができますので、そこで働く自分の姿もイメージしやすくなります。

　また、時給は 800 〜 1,000 円と特別高くはありません。ただし、深夜でも営業している店舗も多いため、時給がアップする 22 時以降の深夜帯の勤務もおすすめです。ビジネスホテルの代わりに利用するお客様が多い店舗であれば、仕事も多く深夜でも眠くならずに適度に働くことができるでしょう。

▶ 020
郵便配達

年賀状やお中元・お歳暮の時期に活躍

収入の目安	時給 900 〜 1,300 円		
始めやすさ	★★★★☆	時間帯	午前 午後 深夜
即金性	★★★☆☆	勤務時間	4〜8時間
難易度	★★★☆☆	勤務地	郵便局
資格	原動機付自転車免許、または普通自動二輪免許（小型限定）		
募集時期	8、12月に多い		
始めるには	郵便局の求人に応募する		

土地勘のある最寄りの郵便局がいい

　年賀状などの郵便物、お中元やお歳暮などの宅配物を配達する仕事です。

　地域の郵便局の求人に応募して、アルバイトとして副業をします。時給は地域によって異なり、東京や大阪といった都市部であれば1,000円前後、その他の地方では800円前後が一般的です。

　都心の方が時給こそ高いものの、配達には土地勘が必要なため、自宅近くの郵便局で働くのがいいでしょう。

　通常、郵便配達員は長期での募集が多いようですが、お中元の8月、お歳暮や年賀状の12月など時期によって、スポットで求人が出されることもあります。

　配達には郵便局からの手厚いサポートがあります。地域の世帯主が記載された地図を渡され、配達順に並べられた郵便物を預かります。配達エリアを覚えるまでは、社員の方が同行して配達をサポートしてくれるでしょう。簡易書留や特定記録郵便といった重要な郵便物は慣れてくるまでは任せられないので、安心して始めることができます。

　このように始めやすさこそあるものの、配達する配達物は結構な重量があります。自転車やバイクの運転には注意が必要です。

　また、雨で配達物を濡らしてしまう、配達物を紛失するといったことは決してあってはならないことですし、夏は炎天下での配達、冬は雪が降ることもあるなど、天候によってもその労力を左右されることが多い仕事です。

　年賀状を配達する元旦には、早朝出勤となり、寒さと慌ただしさのなか、配達を行わなければなりません。副業とはいえ責任感を持って仕事に臨みましょう。

▶ 021
レストランスタッフ

マニュアル完備のチェーン店が始めやすい

収入の目安	時給 900 ～ 1,300 円		
始めやすさ	★★★★★	時間帯	午前　午後　深夜
即金性	★★★☆☆	勤務時間	4～8時間
難易度	★★☆☆☆	勤務地	勤務先
リスク	本業の同僚に副業がバレる可能性がある（ホールスタッフ）		
必要スキル	基本的な調理技術または接客スキル		
始めるには	レストランや居酒屋の求人に応募する		

ホールとキッチンで仕事内容が違う

　ここでは、レストランや居酒屋のスタッフの仕事を解説します。これらの仕事は「ホールスタッフ」と「キッチンスタッフ」に二分されますが、お店によっては両方を担当するケースもあります。それぞれの特徴を見ていきましょう。

　まず、ホールスタッフですが、お客様のオーダーを受けて料理や飲み物を提供したり、会計や店内の清掃などを行なったりするのが主な仕事です。時給はファミリーレストランより、居酒屋やお酒を扱うレストランの方が高い傾向にあります。お客様と直接触れ合えるのがホールスタッフの楽しさの1つでもありますので、コミュニケーションを取ることが好きな人には向いている副業といえるでしょう。

　ただし、本業の同僚と鉢合わせすると、副業が本業の同僚にバレるリスクもあります。働くお店と会社の距離には十分気をつけましょう。

　キッチンスタッフは、大量に注文される料理を効率よく作り、提供するのが仕事です。個人店や専門店ではある程度の調理技術が要求されますが、チェーン店の場合はマニュアルが用意されていることも多く、その通りに作っていけば普段料理をしない人でも調理できるようになります。またお店の混雑時には、料理の提供時間を短くするようにお店から指導されることもあり、調理の技術と併せて、順番や手際のよさといった効率が求められます。

　ホールスタッフとキッチンスタッフで時給の差はほとんどありません。これまでの経験や向き不向きなどから判断するといいでしょう。

　レストランスタッフとして働き始めるには、アルバイト情報サイトやお店のホームページなどで求人情報をチェックし、希望に合うお店を見つけて応募しましょう。面接では、勤務可能時間帯をしっかりと伝え、本業に差し障りのない範囲で働けるようにしましょう。

SIDE JOB

第 3 章

資格が活かせる副業

すでに何らかの資格を持っている方は、その資格を副業に活かして
みましょう。この章では、資格を持っていることで始められたり、優
遇されたりする副業を紹介します。また、資格が必要な副業は、今
は資格を持っていなくても、勉強して資格を取得することで始める
こともできます。

▶ 022

運転代行

違反運転の罰則強化で需要急増

収入の目安	時給 800 〜 1,200 円（随伴車）		
始めやすさ	★ ★ ☆ ☆ ☆	時間帯	午前 午後 深夜
即金性	★ ★ ☆ ☆ ☆	勤務時間	4〜6時間
難易度	★ ★ ★ ★ ☆	勤務地	勤務先
資格	普通自動車第一種・第二種運転免許		
必要スキル	お客様を乗せて安全に走る運転スキル		
始めるには	資格取得後、運転代行会社の求人に応募する		

客車を運転できると時給アップ

　飲酒やそのほかの諸事情で車を運転して帰れない人の代わりに、車を運転して依頼者を自宅まで送り届ける仕事です。

　この仕事は、随伴車と客車（依頼者の車）の2台を移動させるため、2人1組で行います。

　まず随伴車に2人で乗り込み、依頼者の元へ向かいます。依頼者と合流したら1人は客車を運転して依頼者を送り届け、もう1人は随伴車を1人で運転してついていきます。依頼者を無事送り届けたあとは、再び随伴車に2人で乗り込み、次の依頼者の元へ向かうか、会社に戻るかします。つまり、随伴車には依頼者を乗せることはありませんので、普通自動車第一種運転免許を持っていれば運転することができます。

　一方、客車には依頼者を乗せて運転をしますので、タクシードライバーと同じ第二種運転免許が必要です。当然、取得するには時間と費用がかかりますが、第二種運転免許を持ち、客車を運転できると時給にして 3,000 〜 5,000 円ほど得ることが可能になります。

　なお、客車には、依頼者を安心して送り届ける以外にも、様々なスキルが求められます。

　例えば、依頼者によって車の大きさや車種は様々です。普段乗り慣れていない種類の車を運転しなければならないことも多く、運転操作のスキルが求められます。また、後ろをついてくる随伴車を置いていかず、運転しやすいようにしてあげることも大切です。

　こうした運転代行は、仕事柄夜遅くに働くことが多く、副業として取り組みやすい仕事ともいえます。そしてまた、飲酒運転による事故を未然に防ぐ大切な仕事でもあるのです。

▶023
カラーコーディネーター

ファッション、インテリアなど多様な分野の色を決める

収入の目安	時給1,000〜2,000円		
始めやすさ	★★☆☆☆	時間帯	午前 午後 深夜
即金性	★★☆☆☆	勤務時間	業務内容により異なる
難易度	★★★☆☆	勤務地	勤務先
資格	カラーコーディネーター検定試験®(あれば優遇)		
必要スキル	ファッションやインテリアなど活かせる分野の経験		
始めるには	カラーコーディネーター単体で仕事は難しい		

知識や敏感な色彩感覚が欠かせない

　私たちは、日々様々な製品や広告を通して、多種多様な色の組み合わせを見ています。その中でも「配色」は非常に大切な要素です。配色が少し変わるだけで製作物の印象も大きく左右されます。

　カラーコーディネーターは、ファッションやインテリアなど様々な分野で、人や場所に合った色、その組み合わせを提案する仕事です。

　実は、カラーコーディネーターとして仕事をする上で資格は必須ではありません。ただし、色に関する豊富な知識や敏感な色彩感覚を求められますので、東京商工会議所の「カラーコーディネーター検定試験®」や文部科学省が後援している「色彩検定」などの資格を取得しておくと役に立つでしょう。

　とはいえ、カラーコーディネーター単体でお金を稼ぐことはまだまだ難しいのが現状です。メイクアップアーティストやインテリアデザイナーなどを本職とする人が、これらの資格をセットにして信頼度を上げ、仕事を増やすという活かし方が一般的です。

　ただ、副業で取り組む場合は、本業を別に持っている分、得意分野との組み合わせを考えながらじっくりと仕事を探すことができます。例えば、本業がアパレル関係であったり、趣味でファッションに精通していたりすれば、カラーコーディネーターの知識を組み合わせることで、依頼者の要望に応じたファッションを提案する「パーソナルスタイリスト（個人スタイリスト）」として活動するといった可能性も出てきます。

　このように、色彩感覚や色についての知識を活かせる仕事はたくさんあります。自分なりの組み合わせを見つけて副業に活かしてみましょう。

▶ 024

きき酒師

お酒好きには天職にもなる副業

収入の目安	1講演 10,000 〜 20,000 円		
始めやすさ	★★☆☆☆	時間帯	午前 午後 深夜
即金性	★★☆☆☆	勤務時間	2〜6時間
難易度	★★★★☆	勤務地	勤務先
資格	きき酒師、焼酎きき酒師		
スキルアップ	酒匠の資格取得		
始めるには	資格取得後、求人に応募する		

様々なお酒の楽しみ方を提供する

　多種多様な日本酒の銘柄は約2万種存在するともいわれ、芋や麦、米など各地で採れる食材を活かした焼酎も高い人気を誇ります。

　きき酒師・焼酎きき酒師は、そんな日本酒や焼酎のおいしい飲み方、料理との組み合わせなどを提案するアドバイザーです。

　ワインの専門家「ソムリエ」の日本酒・焼酎版といえば、イメージしやすいかもしれません。

　お酒好き、料理好きであれば、この上なく楽しく取り組める副業でしょう。

　きき酒師は、居酒屋や酒店などお酒を提供する場で活躍します。飲み手の好みや要望を聞き、その人が好むお酒を提供します。近年では、おいしい日本酒・焼酎の選び方や買い方、料理との組み合わせなどを題材に講演をしたり、実際に料理店と組んでお酒と料理を提供しながら日本酒に関する知識をレクチャーするケースもあります。

　また、きき酒には、お酒に関する知識だけでなく、色・味・香りを感じる鋭い感覚が欠かせません。日本酒の香味だけでも、薫酒、熟酒、爽酒、醇酒と4種類あり、それらを的確に把握し、提案するテイスティング力が求められます。

　きき酒師として仕事をするには、「きき酒師」「焼酎きき酒師」といった資格が必要です。日本酒サービス研究会・酒匠研究会連合会（SSI）が実施している認定制度で、体系的に学習できます。講座では、日本酒の歴史や原料、テイスティング、注ぎ方のサービスなど、知識だけでなく、食品・飲料の文化や基礎知識など幅広い知識が学べます。講座を受講し、試験に合格することが資格取得には必要で、20歳以上であれば、誰でも受講可能です。

▶025
CADオペレーター

現代の製品設計に欠かせない仕事

収入の目安	時給1,000～2,000円		
始めやすさ	★★☆☆☆	時間帯	午前 午後 深夜
即金性	★★☆☆☆	勤務時間	業務内容により異なる
難易度	★★★★☆	勤務地	自宅
資格	CAD利用技術者試験など（あれば優遇）		
関連業者	設計会社、建築会社など		
始めるには	求人誌や求人サイトから求人に応募する		

在宅副業向きの仕事

　製品のデザイン図面や製図を CAD ソフトで完全な図面に仕上げる仕事です。

　一般的に CAD オペレーターは、機械や電気回路などの設計会社、建築会社、CAD 専門の事務所に所属していますが、フリーランスでもクラウドソーシングなどを通して仕事を請け負えるチャンスがあります。

　仕事自体は1人でこつこつと進める作業のため、在宅での副業にも向いています。また、専門性が高い仕事のため、本業、副業ともに CAD オペレーターをしている人も多くいます。本業とは異なる分野での図面作成でも実務経験として、本業に活かせることもあるでしょう。

　CAD オペレーターの仕事は守備範囲がとても広いことも特徴で、機械を作る CAD、電気回路や基盤、建築用の CAD など、それぞれの分野に細かく細分化されています。

　CAD オペレーターとして仕事をする場合、実務経験が重視されます。資格は必須ではありませんが、一定の知識と技術を身につける必要がありますので、資格取得は決して無駄にはなりません。

　CAD の資格は複数の資格試験で取得できます。CSAJ（一般社団法人コンピュータソフトウェア協会）が実施する「CAD 利用技術者試験」がもっとも知られています。そのほかにも、「建築 CAD 検定試験」や「CAD トレース技能審査」など、仕事の専門性に応じた資格もあります。資格があると信頼度が上がり、実務経験も積みやすいので、結果としてその後も継続的に仕事を受けられる可能性が高くなるでしょう。

83

▶026

結婚式司会者

人生最良の日に最高の思い出を届ける

収入の目安	披露宴1回15,000〜20,000円		
始めやすさ	★★☆☆☆	時間帯	午前 午後 深夜
即金性	★★☆☆☆	勤務時間	3時間前後
難易度	★★★★☆	勤務地	結婚式場
資格	司会者ムヌールコンセイユ、司会者養成講座認定など		
必要知識	ブライダル業界の知識、マナー		
始めるには	養成スクール受講→司会プロダクションに所属（オーディションあり）		

結婚式の成功を左右する重要な役割

　結婚式の司会者は、司会進行だけでなく、場を盛り上げるユーモアや感動の演出、会場の空気作りなど、式全体の流れを左右する大切な仕事です。結婚式当日だけでなく、事前に新郎新婦と打ち合わせをし、タイムスケジュールや催し物を確認。２人のエピソードや結婚式にかける想いを聞き、新郎新婦とともに結婚式を作り上げます。

　結婚式司会者になるのに、資格は不要です。ただし、プロとしての発声や話し方、進行の技術が身についている必要があります。そのため、「司会者ムヌールコンセイユ」や、「司会者養成講座認定」などの資格があると優遇されます。

　資格の取得のためには、まず養成スクールに通います。スクールを修了すると、結婚式の司会プロダクションのオーディションを受験でき、合格すると仕事が割り振られるようになります。

　司会者が話すときは、会場全体の視線が司会者に注がれます。新郎新婦や親族は当日緊張していることも多く、進行を忘れてしまうこともあります。そんなときにも動じず、アドリブを利かせながら結婚式を盛り上げていく司会者には、相当なプレッシャーもかかることでしょう。しかしその分、心のこもった司会進行や言葉遣いで、新郎新婦のみならず会場全体を感動のムードで包むことができれば、ほかの副業では味わえない達成感を得られます。

　結婚式の印象は、良くも悪くも司会者に左右されます。祖父母など年配の親族から小さな子ども、職場の上司・同僚まで、幅広い年代・属性の参加者に対応できるコミュニケーション能力が欠かせません。

　結婚式場のスタッフともスムーズな連携を求められます。結婚式に多少のアクシデントはつきもの。些細なアクシデントも見逃さず対応する危機対応能力も、結婚式司会者に求められる資質です。

▶027
ダイビングインストラクター

正しい海の楽しみ方を教える

収入の目安	時給700〜1,000円		
始めやすさ	★★☆☆☆	時間帯	午前 午後 深夜
即金性	★★☆☆☆	勤務時間	6〜8時間
難易度	★★★★☆	勤務地	勤務先
資格	ダイビング団体の資格		
スキルアップ	様々な場所や水深に対応した資格取得		
始めるには	資格取得後、求人に応募する		

資格次第で海外でも働ける

　スキューバダイビングは人気の趣味の1つです。しかし、正しい方法を学ばずに、我流で海に挑むと大変危険です。ダイビングインストラクターは、スキューバダイビングを安全に行うための技術指導やダイビングする場所を案内する仕事です。当然ですが、海が好きな人にはもってこいの仕事でしょう。

　スキューバダイビングには、潜水技術だけでなく様々な道具が必要です。ダイビングインストラクターは、それらの技術や道具の使い方をお客様に伝えることが仕事の基本となります。またスキューバダイビングは、老若男女問わず誰でも楽しめます。そのため、運動経験や体力など様々な背景を持った人がいますので、それらの人々に合った楽しみ方を考え、正しく伝えるスキルも求められます。

　海にはどんな生き物がいるのか、それらの習性や生態はどういったものなのかなどの知識を伝えることも仕事の1つです。

　ダイビングインストラクターの資格は、PADI・NAUI・SSI といったダイビング団体ごとに定められたものがあります。

　最初はオープンウォーターというランクから始まりますが、上級のライセンスになれば、潜れる深さや場所が広がります。その分仕事の幅にも広がりが見込めますので、取得に向けて勉強するのもいいでしょう。

　さらに、日本だけでなく海外での活動も視野に入れる場合は、C カードというライセンスの取得が必要になります。

　ダイビングインストラクターは、海の周辺のダイビングサービス提供会社や、都市部のダイビングスクールに所属しています。副業でのダイビングインストラクターも珍しくなく、同じ海を愛する者同士、親睦を深めるのもいいでしょう。

87

▶028
トラックドライバー

日本の物流を支える花形職種

収入の目安	時給800～1,200円		
始めやすさ	★★☆☆☆	時間帯	午前 午後 深夜
即金性	★★★☆☆	勤務時間	6～8時間
難易度	★★★☆☆	勤務地	勤務先
資格	運転するトラックに応じた運転免許		
スキルアップ	中型、大型免許取得で時給アップ		
始めるには	資格取得後、求人に応募する		

運転から積み下ろしまで年末年始に需要増

　トラックで荷物の運送や配送を行う仕事です。仕事は大きく2つに分かれています。

　1つは運送で、主に工業製品を運びます。

　時間や業者があらかじめ指定されているので、指定通りに運び届けます。

　もう1つは配送です。宅配便や手紙などを宛先の人や会社に届ける仕事です。そのほかに、荷物の積み込み、積み下ろしを手伝うこともあります。

　トラックの運転には、種類に応じた免許が必要です。

　総重量が3.5トン未満、最大積載量が2トン未満のトラックであれば、普通自動車第一種運転免許での運転が可能です。ところが、それ以上の大きさになると、準中型免許や中型免許、大型免許が必要になります。

　免許の取得には、時間と費用がかかりますが、取得すればその分時給が上がり、稼ぎやすくなることも魅力です。ただし、平成19年6月1日の道路交通法改正以前に普通免許を取得している場合は、8トン未満の中型車に限り、また、その後平成29年3月12日の同法改正以前に普通免許を取得している場合は、5トン未満の準中型車に限り、運転が可能です。

　業務の需要は、お中元やお歳暮の時期、年末年始は特に急増します。また、短期のアルバイト感覚で始める場合には、自宅になるべく近い地域で働くのがいいでしょう。土地勘があればスムーズに仕事が進みますので、効率的に仕事ができます。

　また、積み下ろしが多い職種の場合は、仕事を通して体力アップも目指せます。普段デスクワークで運動不足気味な方、常に身体を動かしたい方にはおすすめの副業です。

▶029 ペットシッター

ペットブームで需要急増！

収入の目安	時給800～1,500円		
始めやすさ	★★★☆☆	時間帯	午前 午後 深夜
即金性	★★★☆☆	勤務時間	1～5時間
難易度	★★★☆☆	勤務地	依頼者宅
資格	愛玩動物飼養管理士など		
あると便利	自動車		
始めるには	資格取得後、求人に応募する		

ペット以上に飼い主との信頼関係が重要

　ペットシッターとは、主に犬や猫、ウサギ、ハムスターといったペットのお世話を飼い主の代わりに行う仕事です。

　飼い主が旅行や出張などで留守にする場合に自宅を訪れ、食事や水をあげたり、散歩をしたり、トイレの掃除をしたりします。

　飼い主にとってペットシッターに仕事を依頼する最大のメリットは、何といっても住み慣れた家でペットのお世話をしてもらえることです。ペットホテルに預けると、普段と違う環境にストレスを感じるペットも多いのですが、その点ペットシッターならペットについての専門知識も持っており、普段通りの環境でお世話をしてもらうことができますので安心です。

　ペットシッターの仕事は、飼い主との面談から始まります。面談ではお世話をする日程や時間帯、内容、普段のペットの様子などのヒアリングを行います。このときに重要になるのが、ペットとの相性です。相性が悪く、ペットがペットシッターに警戒心を抱いてしまうようでは、仕事を受けることは難しいでしょう。

　また、飼い主からすると家の鍵を預け、留守中の家に入れることになります。ペットシッター本人にそのつもりがなくても、飼い主にとっては盗難や虐待のリスクがありますので、飼い主との信頼関係もしっかり築けるようにしましょう。

　所要時間は1回のお世話につき、30分〜1時間程度が一般的です。1日に複数の家を訪問することもありますので、車があると効率的に回れるでしょう。

　副業としてペットシッターをする分には、資格は必要ありませんが、独立して開業するためには、「動物取扱責任者」として届けを出すために「愛玩動物飼養管理士」「ペットシッター士」「認定ペットシッター」といった資格が必要です。

▶030

ホームヘルパー

感謝の声がやりがいになる

収入の目安	時給900～1,800円
始めやすさ	★★☆☆☆
即金性	★★☆☆☆
難易度	★★★★☆
資格	介護職員初任者研修
必要スキル	他者を心から思いやれる優しさ、尊敬の念
始めるには	資格取得後、求人に応募する

時間帯	午前 午後 深夜
勤務時間	1～8時間
勤務地	依頼者宅

高齢化とともに求められる仕事

　高齢者や、自立して生活をすることが困難な人の家を訪問して、身のまわりの生活を支援する仕事です。

　日本社会の高齢化は進んでおり、今後も需要が増していく仕事であるといえるでしょう。

　仕事の内容は「身体介護」と「生活援助」の2つに分けられます。

　身体介護は、直接利用者の身体に触れ、入浴や排せつ、食事、着替え、洗顔、歯磨き、通院、外出時の移動（歩行介助や車椅子への移動）などを手助けする仕事です。

　一方、生活援助は、身体介護以外の援助です。料理や掃除、衣服の洗濯、整理整頓、シーツ交換やゴミ出し、薬の受け取りなど、生活全般の援助を行います。

　これら2つの仕事は、利用者やその家族が求めていることを聞き取り、ときには両方を組み合わせて行います。

　また、多くは日中の仕事ですが、利用者が希望すれば、早朝や深夜に訪問することもあります。

　なんといってもやりがいは利用者からの感謝の声でしょう。副業で給料をいただくことも大切ですが、それ以上に利用者に寄り添う気持ちが大切です。

　また、身体介護をはじめとした物理的な介護に意識が向きがちですが、目に見えない精神的な部分での介護も欠かせません。利用者にとってよき話し相手となるよう、努めましょう。

　ホームヘルパーとして働くには、介護職員初任者研修の受講が必要です。自治体や福祉団体、専門学校などで実施している研修を受講し、修了する必要があります。

SIDE JOB

第 4 章

ハイリスクハイリターンな
副業

「少しでも多く収入が欲しい」このように考える方も多いのではない
でしょうか。そんな方には、この章で紹介する副業がおすすめ。しっ
かりと準備をして始めれば、多くの収入が期待できるかもしれませ
ん。ただし、多額の収入を期待できるハイリターンな副業には、リ
スクも付きまとうことも忘れないようにしましょう。

▶031

アフィリエイト

広告を貼って利益を得る！

収入の目安	紹介する広告の条件により異なる		
始めやすさ	★★★★☆	時間帯	午前 午後 深夜
即金性	★☆☆☆☆	勤務時間	制限なし
難易度	★★★★☆	勤務地	自宅
必要スキル	メールやネット検索などの基本的なパソコンスキル		
必要設備	パソコン、メールアドレス、銀行口座		
始めるには	Webサイトを作り、アフィリエイト広告の提供会社に登録する		

利益が出るまで時間と手間がかかる

　自分の Web サイトやメールマガジン、ブログなどに商品の広告リンク
を貼り、広告を見た人がそのリンクを経由して商品を購入した際に、紹
介料を得られる稼ぎ方です。インターネット上で商品を販売するネットシ
ョップ（P.172 参照）と似ていますが、アフィリエイトは在庫を抱える必
要がないため、リスクを負うことなく始めることができます。

　アフィリエイトを始めるには、まずブログや Web サイトを作成します。
ブログサービスによっては、アフィリエイトが禁止されていることもある
ので、事前に調べましょう。

　Web サイトやブログが用意できたら、アフィリエイト広告の提供会社
に登録をします。登録が完了したら、紹介する広告を選んで Web サイト
に貼り付け、Web サイトを見た人が商品を購入すると報酬が支払われ
ます。

　アフィリエイト広告には、1点あたりの単価は安くても、多売すること
で効率よく稼げる日用品から、たくさん売るのが難しくても高収入が得
られる可能性のある家電や保険まで、様々な商材があります。自分に合
った商材を選ぶようにしましょう。

　またアフィリエイトの世界には、月に数十万円を稼ぐカリスマアフィリ
エイターがいる一方、ほとんど収入を得られていない人も大勢います。

　始めることは簡単ですが、Web サイトに人を呼び込むことや、Web サイ
トを訪れた人が商品を購入してくれるような流れを作るには知識や手間、
経験やテクニックなども必要なのです。

　最近は、テレビで取り上げられた商品をすぐにスマートフォンで検索
する人が増えています。そうした情報を先取りして商材を紹介するスピー
ド感も大切です。常に最新情報とキーワードを意識したサイト作りを心
がけましょう。

▶032

FX（外国為替証拠金取引）

リターンも大きいが、難易度も高い

収入の目安	数万〜数百万円（月）		
始めやすさ	★★☆☆☆	時間帯	午前　午後　深夜
即金性	★★☆☆☆	勤務時間	制限なし
難易度	★★★★★	勤務地	自宅
必要スキル	外国為替に関する知識		
リスク	元本を失ったり、元本割れをしたりする可能性がある		
始めるには	外国為替を購入するための元手を用意する		

第4章　ハイリスクハイリターンな副業

株式投資よりも少ない元手と手数料で始めることが可能

「FX（外国為替証拠金取引）」とは、外国の通貨を売買する金融商品です。購入した通貨のレートが上がるか下がるかを予測して、その予測が当たれば利益を得られます。

運用手法において株式投資との大きな違いは、レバレッジ（てこ）を効かせることができるという点です。

例えば株式投資の場合、株価が80万円の銘柄を購入するためには80万円の現金が必要です。しかしFXの場合、レバレッジを20倍に設定すれば、80万円分の投資に必要な元手（証拠金）は4万円で済むのです。

FXは株式投資と比べて手数料が安いということとあわせて、少ない元手で大きな取引ができるという意味で、副業に向いているといえます。

また、外国為替は24時間取引が可能ですので、昼間は本業に専念して、帰宅後の夜の時間帯に落ち着いて取り組めることも魅力です。

ただし、ハイリターンであることは裏を返せば、ハイリスクの可能性も潜んでいることを意味します。

近年はどのFX業者と取引する際も「強制ロスカット」という制度によって、あらかじめ決めた基準よりも大きな損失が生じた場合、強制的に取引が決済されるようになっています。損失によって大きな借金を背負うようなことはありませんが、元本を失ったり、元本割れをしたりするリスクは常にあります。

したがって、初心者の場合、レバレッジは1〜3倍程度にしておくことが賢明ですし、投資額も全資産の30％までに抑えておくことが望ましいでしょう。

▶ 033

株式投資

投資の王道的存在。成功すれば巨万の富も

収入の目安	数万～数百万円（月）		
始めやすさ	★★☆☆☆	時間帯	午前　午後　深夜
即金性	★★☆☆☆	勤務時間	制限なし
難易度	★★★☆☆	勤務地	自宅
必要スキル	株式に関する知識		
資格	なし		
始めるには	株式を購入するための頭金を用意する		

NISA（ニーサ）導入でより身近に

　株式投資とは、証券取引所に上場（株式公開）している企業の発行する株式を売買し、買値と売値の差額を儲けとするものです。

　株価は国の経済情勢や国際事情、銘柄企業各社の業績や不祥事問題などの様々な要因で24時間変動します。

　株式投資には、一度購入した銘柄を長期にわたって保有して売却するタイミングを見計らう「長期保有」と、いわゆるデイトレードのように1日のうちに何度も売買を繰り返す「短期売買」の2つのスタイルがあります。

　短期売買はそれこそ24時間相場とにらめっこをしなければなりません。副業として取り組むのであれば、長期保有のスタイルがいいでしょう。

　株式投資を行う場合、実際に売買の手続きを行う証券会社に口座を開かなければなりません。現在は「SBI証券」や「マネックス証券」といった安価な取引手数料で口座を開設できるネット証券会社が多数ありますので、手数料やサービスを比較して選ぶといいでしょう。

　株式投資はいわゆるハイリスク・ハイリターンの部類に入る投資です。そのため、失敗するとお金を稼ぐどころか、逆に損失する可能性もあります。そういう意味では投資を始めるのにも慎重な判断が必要です。

　株式の売買で得た値上がり益や配当金に対しては、従来20％の税金が課されていましたが、2014年にスタートした新制度「NISA（ニーサ）」では120万円まで非課税となりました。これまで株式投資に及び腰だった人にとっては敷居が低くなったと思われます。

101

▶034

カブトムシ飼育

夏の風物詩が副業に

収入の目安	カブトムシの種類により異なる
始めやすさ	★★☆☆☆
即金性	★★☆☆☆
難易度	★★★★☆
必要知識	飼料やエサ、設備など飼育の知識
必要設備	飼育ケース、マット、エサなど
始めるには	飼育設備を用意し、幼虫を仕入れる

時間帯	午前　午後　深夜
勤務時間	制限なし
勤務地	自宅

ノウハウと価格のリサーチは必須

　夏になればスーパーやホームセンターなど、様々な場所で見かけるカブトムシ。力強い姿は数ある昆虫の中でも不動の人気を誇ります。

　カブトムシ飼育は、その名の通りカブトムシを飼育し、出荷する仕事です。カブトムシを幼虫や卵から育てて、成虫になると出荷します。昆虫専門ショップやネットオークションでの販売がメインで、基本的にオスとメスをペアにしたセット販売となります。

　カブトムシは種類によって販売単価が異なります。副業として飼育を始めるのであれば、利益が大きい種類を飼育したいところです。国産種は業者が大量飼育していて値崩れを起こしていますので、収入が見込めるのは外国産となります。

　ところが、カブトムシの種類によっては飼育に3〜4年ほどの長い年月が必要なものもあります。飼育をしたい種類がどのくらいの期間を経て成虫になるのかを調べた上で始めないと、なかなか利益に結び付かないということも考えられますので、注意しましょう。

　また、カブトムシの価格は体の大きさや、希少種かどうかでも大きく変わります。原産国で規制が厳しくなるなどの社会情勢によっても価格は変動しますので、飼育テクニックを磨くとともに、常に情報収集も心がけましょう。

　もちろん、設備投資や飼育のための知識を身につける努力も不可欠です。万が一カブトムシをうまく育てることができなければ、利益を上げるどころか大きな損失にもなりかねません。飼料はどのようなものがいいのか、飼育環境はどのように整えたらいいのかなど、可能であれば飼育ノウハウを経験者から直接聞き出せるといいでしょう。

▶ 035

コインランドリー投資

マンションやアパート経営よりも手軽に始められる

収入の目安	数万～数十万円（月）		
始めやすさ	★★☆☆☆	時間帯	午前 午後 深夜
即金性	★★★★★	勤務時間	制限なし
難易度	★☆☆☆☆	勤務地	自宅
必要スキル	不動産に関する知識		
資格	なし		
始めるには	コインランドリー開業資金を用意する		

無人で 24 時間営業できるのがメリット

「コインランドリー投資」は、空いている土地や建物を利用してコインランドリーを作り、利用者から収益を得るというものです。その意味では不動産投資の一形態ですが、多額の費用がかかるマンションやアパートの経営よりは少ない元手で始められ、また物件の管理コストも安く済むというメリットがあり、近年人気を集めています。

コインランドリー投資は、空き地を買ってコインランドリーを新規に作るか、既存の建物を借りてコインランドリーに改造するという2つの選択肢があります。

新規に作るのはアパートやマンションほどではないにせよ、多額のコストがかかりますので、できれば既存の建物を借りるほうがいいでしょう。

初期投資として、洗濯機や乾燥機の購入費、店舗の施工費などに1,000万円程度がかかります。金融公庫などからの借入をすることで実質ゼロから始めることも可能です。

コインランドリー投資は何より立地が重要です。住宅地など人口の多い地域に設置すること、また家庭の洗濯機では洗えない布団や毛布など大きな洗濯物に利用する人が多いことから、車で乗りつけられるよう街道沿いに設置することなどが理想とされます。

コインランドリーは「一度使ってみると便利」ということでリピーターが増えることも期待でき、良い場所に設置できれば月50万円程度稼げることもあります。

基本的に無人で24時間営業することができる一方、アパートやマンションのように空室リスクもないので、副業としては有望といえるでしょう。

▶036

個人向け国債

元本割れがない安心さが魅力

収入の目安	数万〜数百万円（月）		
始めやすさ	★★☆☆☆	時間帯	午前 午後 深夜
即金性	★★☆☆☆	勤務時間	制限なし
難易度	★☆☆☆☆	勤務地	自宅
必要スキル	国債に関する知識		
資格	なし		
始めるには	国債を購入するための元手を用意する		

「政府にお金を貸す」ことで国家財政に貢献

「国債」とは、「国庫債券」の略で、国家（政府）が証券を発行する形で行う借入のことを指します。要するに政府が国家財政不足を補うために借金をするわけです。

国債は発行時に償還期限と利率が定められており、購入者（投資家）には年に2回利息が支払われるほか、償還期限を迎えた際に元金を受け取ることができます。

国債は、証券会社や銀行、保険会社などの機関投資家が購入するのが一般的ですが、1万円から始められる個人向け国債もあり、近年人気を集めています。

個人向け国債の人気には、いくつかの理由がありますが、第一は、国が元本と利息の支払いを保証することによる安全性です。第二は金利の上昇にも強いこと、第三は利率が銀行預金と比べて相対的に高いということです。

つまり、短期で大きく稼ぐことは難しいのですが、中長期で安定的にお金を増やしたい人にとっては、銀行預金よりもリスクが低く、リターンも大きいということです。

また、国債は一度買ってしまえば、後は利息と元本を受け取るのを待つだけでいいので、特別なことをする必要がなく、副業には向いているといえます。

国債は、証券会社や銀行、郵便局、ネット証券などで購入することが可能で、近年はネット証券の会社が個人向け国債の販売に力を入れています。

個人向け国債には、主に「10年変動金利」「5年固定金利」「3年固定金利」の3種類があります。購入後1年間は解約ができないので、5年間、10年間と動かさずにおけるお金を充てるのがいいでしょう。

▶ 037

サイトバイヤー

サイトの収益性を上げて売却する

収入の目安	サイトの売買益による		
始めやすさ	★★☆☆☆	時間帯	午前 午後 深夜
即金性	★★☆☆☆	勤務時間	運営するサイトによる
難易度	★★★★★	勤務地	自宅
関連サイト	サイトストック、サイトキャッチャーなど		
必要スキル	サイト運営に必要な知識		
始めるには	サイト売買サービスに登録する		

収益性を上げるテクニックが必須

　あまり知られていませんが、Web サイトは売り買いすることができます。Web サイトの売買を仲介するサービスがあり、そこには運営している Web サイトを売却したい人や、Web サイトを購入して運営したいと考えている人が集まります。

　サイトバイヤーは、出品されている Web サイトを買い取り、収益性が高い Web サイトに成長させた後、購入時よりも高い金額で売却することで利ざやを獲得します。

　例えば、趣味で運営しているブログでも、多くの閲覧者がいたり、有益性があると判断されたりすれば買値がつきます。サイトバイヤーは、収益性が高いWebサイトを購入することで運営権利を獲得し、自ら運営することでより一層収益レベルを上げ、買ったときよりも高く売るのです。

　Web サイトを購入する際には、安いもので 10 万円台〜、高いもので100万円以上と多くの資金が必要になります。もちろん自らWebサイトを作り、売りに出してもいいのですが、収益を上げるサイトに成長させるには、技術も知識も時間も必要ですし、必ずしも思ったように Web サイトが成長するとは限りません。そういう意味では、すでに収益を上げている Web サイトを購入したほうが確実といえるでしょう。仮に、購入時に10万円の収益を上げていた Web サイトなら、そのまま運営してもやがては購入費を回収し、その後は利益を上げることができます。

　また、うまく運営して30万円の収益が上がるWebサイトに成長させた場合、そのまま運営して収入を得るのもいいですし、売却して得た資金で、新しい Web サイトを購入するのもいいでしょう。

　なお、実際に Web サイトを購入しなくても、SEO 対策や Web サイトに独自性があるなど、高く売れる Web サイトの条件を学ぶことは、自身が Web サイトを作るときにも大いに役立つでしょう。

109

▶038

先物取引

始めやすいが、リターンもリスクも最高レベル

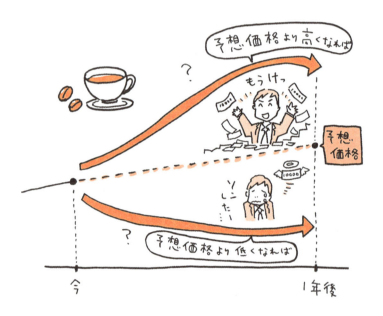

収入の目安	数万〜数百万円（月）		
始めやすさ	★☆☆☆☆	時間帯	午前 午後 深夜
即金性	★☆☆☆☆	勤務時間	制限なし
難易度	★★★★★	勤務地	自宅
必要スキル	先物取引に関する知識		
資格	なし		
始めるには	商品先物を購入するための元手を用意する		

様々な要因を分析して将来の価格を予測する

「先物取引」とは、商品取引所で取引される金やガソリン、大豆、小麦、トウモロコシなどの将来（例えば1年先）の値段を売買契約時に決めておく取引のことをいいます。

本来は企業がこれらの商品を原材料として購入する際、相場の変動によるリスクを回避するために開発された金融商品ですが、個人でも参加することが可能です。

売買契約時に予測した商品価格よりも、約束の期日に価格が高騰していれば、その差額を利益として受け取ることができます。

また、その価格で購入できる権利自体を第三者に転売することも可能です。逆に、値下がりしてしまった場合は、その差額の損失を出すことになります。

先物取引は、普段の買い物のように、物と代金を同時に交換する現物取引と違って、契約段階で現物の受け渡しがあるわけではなく、購入側も契約時に全額を用意する必要はありません。証拠金として売買代金全体の5～10％くらいを証券会社に預けることになります。

商品取引所で売買される商品は、海外から輸入されているものがほとんどなので、外国為替レートや国際情勢などによって価格が大きく変動します。

また、農作物の場合、その年の気象条件によって収穫高が上下するため、価格も変動することになります。株式投資やFXであれば、このようなリスクが発生した時点で売却するなどの手を打てますが、先物取引は売るタイミングがすでに決まっているため、あらゆる事象を想定した価格予測をしなければなりません。その意味では、数ある投資の中でもハイリスクだといえます。副業として始めるにはそれなりの覚悟が必要です。

▶039

純金積み立て

「有事の金」が持つ安定性が強み

収入の目安	数万～数十万円（月）		
始めやすさ	★★☆☆☆	時間帯	午前 午後 深夜
即金性	★★☆☆☆	勤務時間	制限なし
難易度	★☆☆☆☆	勤務地	自宅
必要スキル	金取引に関する知識		
資格	なし		
始めるには	金を購入するための元手を用意する		

「貯金」と「投資」の両面を持つ

「純金積立」とは、毎月3,000円や1万円といった一定額で純金を購入するスタイルの資産運用です。

毎月指定した金額が自動的に金融機関から引き落とされて、積立に回ります。その意味では、「金」という実物資産に投資することと、現金ではなく「金」の形で貯金することの2つの側面を持つといえます。

純金に投資するメリットは、長い歴史を経て蓄積された信用と安定性です。

金価格も日々相場で動いていますが、株式や債券のように企業や国の信用下落が原因となって価値が暴落する可能性はまずありません。むしろ、先行き不透明なこれからの時代、限りある資源としての希少価値、電子機器や宝飾品などに使用される需要の安定性などで、価格は緩やかに上昇すると予想される向きもあります。

純金積立は、貴金属販売会社のほか、一部の銀行やネット証券が扱っています。各社で純金の買付け価格や手数料・年会費、解約手順が異なりますので、注意しましょう。

純金積立の魅力は、1,000円からとお小遣い程度の価格で投資できることです。配当や利息があるわけではなく、金そのものの価格が上昇するしか儲けはないので、副業として大きく稼ぐことはできませんが、財産保全の意味ではこの章で紹介する投資の中で最もリスクが少ないといえます。

また、積み立てた純金は、金地金と交換したり、金貨や金の宝飾品などと等価交換できます。金地金とは、いわゆる「金の延べ棒」のことです。急に現金が必要になった場合など、必要な分を売って現金に変えることも可能です。

▶ 040

せどり

ライバルは多いが、人気の花形副業

収入の目安	1冊数十円〜数百円×冊数		
始めやすさ	★★★★☆	時間帯	午前 午後 深夜
即金性	★★★★★	勤務時間	制限なし
難易度	★★☆☆☆	勤務地	自宅
資格	古物商許可		
関係業者	宅配業者、出品・発送代行		
始めるには	仕入ルート、販売ルートのリサーチ		

仕入先、発送作業の効率化が収入アップの鍵

　もともとは、古本を安く仕入れ、高く売ることを「せどり」と呼んでいました。しかし、最近では古本に限らず、CD、DVD、家電、おもちゃ、ゲーム機なども、せどりの定番となっています。

　古本の場合、古書店で安く仕入れ、Amazon マーケットプレイスやオークションサイトで高く売る手法が一般的です。

　特に Amazon マーケットプレイスでは、FBA（フルフィルメント by Amazon）というシステムを利用すれば、売りたい商品を Amazon に送付するだけで、商品の保管・発送・入金などの作業を代行してくれます。もちろん手数料が発生しますが、場所や時間の制約が多いせどりにとっては、メリットの方が大きいといえるでしょう。

　かつては、仕入れにも販売にもプロの目利きが必要で、素人ではなかなか利益を出すことも難しかったせどりですが、近年はスマートフォンでバーコードを読み取れば、ネット上の相場を確認できるツールなどが登場して、参入障壁も低くなりました。ただしその分、ライバルが多い状況になっています。

　利益は通常 1 冊あたり数十〜数百円ですので、収入を増やすには、まとまった冊数を仕入れ、販売する必要があります。そのため、全国チェーンの古書店など複数店を巡って仕入れを行うことも普通で、時間と手間がかかることを想定しておきましょう。

　なお、大手全国チェーンの古書店では、マニュアルに従って値付けがされているため、希少価値の高い商品でも安く仕入れることができます。そうした仕入れを楽しむことが、せどりを楽しく続けるコツでもあります。

▶041 投資信託

運用をプロに任せることでリスクを軽減

収入の目安	数万〜数百万円（月）		
始めやすさ	★★☆☆☆	時間帯	午前 午後 深夜
即金性	★★☆☆☆	勤務時間	制限なし
難易度	★★☆☆☆	勤務地	自宅
必要スキル	株式に関する知識		
資格	なし		
始めるには	投資信託を購入するための元手を用意する		

個別銘柄投資よりもリスクヘッジができる

「投資信託（ファンド）」とは、投資家から集めた小口のお金を1つの大きな資金にとりまとめ、運用の専門家（ファンドマネジャー）が株式や債券、不動産などの様々な投資対象に分散して投資・運用する商品です。

各投資家の投資額に応じて、その運用成果が分配される仕組みになっています（分配金がなかったり、少なかったりするファンドもあります）。

投資家から集めた資金をどのような対象に投資するかについての判断は、各ファンドの運用方針に基づいてファンドマネジャーが行います。

株式投資同様、投資信託の運用成績は、経済情勢や国際情勢などによって変動します。投資信託の購入後、運用がうまくいって利益を得られることもあれば、反対に運用がうまくいかず損失を出すこともあります。

つまり、投資信託は元本が保証されている金融商品ではないという意味では、株式投資と同じなのです。

とはいえ、投資信託にもメリットはあります。プロに運用を一任することで投資家自身が詳しい知識を持たなくてもよいことや、投資対象が株式以外にも広がるため、リスクの分散ができることなどです。

その一方、自分で投資対象を決められなかったり、ファンドによっては運用益を得るまでに時間がかかるというデメリットもあります。

投資信託は、銀行や証券会社の窓口で購入します。各ファンドごとに債券がメインとか外国株式がメインなど、投資対象やリターンの割合に特色があり、最低投資金額も1万円から数百万円まで幅広くありますので、よく説明を聞いて自分に合ったものを選びましょう。

117

042 メルマガ発行

知識と経験を配信してお金を得る

収入の目安	1通 0.5〜1円（広告配信）		
始めやすさ	★★★☆☆	時間帯	午前 午後 深夜
即金性	★★☆☆☆	勤務時間	制限なし
難易度	★★★★☆	勤務地	自宅
必要設備	パソコン、スマートフォン		
似ている副業	アフィリエイト		
始めるには	配信スタンドに登録する		

有益情報の配信で稼ぐ

　ビジネスや人生が成功するノウハウ、あるいは語学やハンドメイドなど趣味を極める内容などをまとめたメールマガジン（以下メルマガ）を配信し、収入を得る仕事です。

　メルマガ発行で収入を得る方法は主に2つあります。

　1つは広告収入を得ること。メルマガに広告を載せ、それに対して掲載料をもらう方法です。メルマガ発行部数1部につき、0.5〜1円ほどが収入になります。収入を増やすには読者を増やし、発行部数を増やすことで多くの人に掲載された広告を見てもらわなければなりません。

　もう1つは、メルマガを有料で購読してもらう方法です。購読料は自分で設定でき、配信スタンドにより異なりますがその50％ほどが実際の収入になります。

　メルマガを発行するには、専門の配信スタンドに登録する必要があり、登録から発行までには、審査が必要な配信スタンドもあります。審査を通過するために、気をつけたいポイントがあります。これは発行開始後の読者獲得の際にも共通するポイントともいえます。次のポイントを確認しておきましょう。

　読まれるメルマガにするためには、テーマをハッキリと決め、読者のターゲットを明確にし、情報に専門性を持たせる必要があります。読者にとって有益であると感じさせる内容になっていることが大切です。タイトルや説明文もなるべくわかりやすくし、メルマガからどんな情報が得られるのかを明確にします。

　また、改行や罫線を入れて、読みやすいレイアウトにしましょう。広告は掲載しすぎると読者が離れたり、配信スタンドから配信停止処分を受けたりしますので注意が必要です。なお、問い合わせの連絡先や購読解除方法の記載は必須です。

▶043

不動産投資

良い物件が買えれば毎月自動的に収入が入る

収入の目安	数万〜数十万円（月）		
始めやすさ	★☆☆☆☆	時間帯	午前　午後　深夜
即金性	★★☆☆☆	勤務時間	制限なし
難易度	★★★☆☆	勤務地	自宅
必要スキル	不動産に関する知識		
資格	なし		
始めるには	物件を購入するための頭金を用意する		

第4章　ハイリスクハイリターンな副業

不労所得の代表格

　不動産投資には、マンションやアパート、住宅、ビルなどを購入し、それを他人に貸して毎月賃料を得る（インカムゲイン）か、適切なタイミングで買値より高く売却する（キャピタルゲイン）の2つの稼ぎ方があります。

　副業として一般的なのは、中古の物件を購入し、インカムゲイン狙いで毎月賃料を得るスタイルです。

　物件の価格は最低でも数千万円と決して安くはありませんが、近年は銀行の融資審査基準がゆるく、サラリーマンでも一定の頭金を用意すれば、低金利で何十年もの長期のローンを組むことが可能です。

　毎月の家賃収入からローン返済と管理会社へ払う管理委託費を払い続け、ローンを完済すれば、以後の家賃から管理委託費と修繕費、固定資産税を引いた金額が手取りの収入となります。管理料を払うことで物件の管理や家賃の回収は基本的に管理会社がやってくれるので、オーナーは基本的に何もする必要がありません。これが始終相場とにらめっこしなければならない株式投資やFXと、不動産投資が大きく異なる点であり、サラリーマンの副業として人気が高い理由です。

　ただし、不動産には「空室」というやっかいな問題があります。空室が出ると、毎月の家賃収入が減り、収支やローン返済計画に影響が出るほか、新しい住人に入ってもらうための部屋のクリーニング代など思わぬ出費が発生します。空室を出さないためには、人口減少が少ない都会の駅近の物件を買うことが必要になります。また、空室が出てもすぐに新しい住人を見つけてもらえるように、管理会社との良好な関係づくりも重要です。

▶044
民泊

外国人観光客の増加により需要拡大中！

収入の目安	宿泊単価により変動		
始めやすさ	★★☆☆☆	時間帯	午前 午後 深夜
即金性	★★☆☆☆	勤務時間	制限なし
難易度	★★★☆☆	勤務地	自宅
法律	旅館業法もしくは自治体の条例		
必要スキル	英語での簡単なコミュニケーションスキル		
始めるには	宿泊設備を整え、仲介サイトに登録する		

外国人観光客の宿泊料が収入に

　主に日本を訪れた外国人観光客を、自分が所有・契約している部屋や家に泊めて宿泊料をもらう仕事です。日本を訪れる外国人観光客は年々増えている反面、ホテルの部屋が足りていない状況もあり、需要が見込まれています。

　民泊を始めるには、宿泊客を泊める部屋を用意し、仲介サイトに登録をします。仲介サイトでは「Airbnb（エアビーアンドビー）」が外国人の認知度も高く、初心者にも向いています。

　運営スタイルは大きく分けて4パターンあります。

　1つ目は、ワンルームマンションなどを貸すスタイル。宿泊料を高く設定でき、宿泊者からも人気があります。ただし、家具や家電、部屋の契約など初期費用がかかります。

　2つ目は、自宅の1室を貸す部屋貸しスタイル。初期費用がかからず、手軽に始められますが、風呂やトイレなどの設備を宿泊客と共有する必要があります。

　3つ目は、ゲストハウススタイル。1つの物件に複数人を泊めるスタイルです。部屋の数が多ければ多いほど、満室になれば高い宿泊料を期待できますが、複数人の宿泊者の管理に手間がかかります。

　4つ目は、宿泊者と寝食をともにする同棲スタイル。外国人と交流できる楽しさがありますが、宿泊料は安く、プライベートな時間はなくなります。

　物件や自身の生活スタイル、欲しい収入の金額などから運営スタイルを決めましょう。

　また民泊は、初期設備さえ整えられれば始めることは難しくありませんが、宿泊者や近隣住民とのトラブル、法律上の解釈など、様々な問題点も報道されています。日々の報道にもアンテナを張っておきましょう。

▶045

輸入ビジネス

ノウハウを蓄えて儲ける!

収入の目安	仕入れる商品により異なる		
始めやすさ	★★☆☆☆	時間帯	午前 午後 深夜
即金性	★★☆☆☆	勤務時間	制限なし
難易度	★★★☆☆	勤務地	自宅
法律	薬機法、電気用品安全法など商品に関連する法律		
必要スキル	英語での簡単なコミュニケーションスキル		
始めるには	海外から商品を仕入れて国内サイトに出品する		

意外とシンプルなビジネスモデル

　海外から商品を仕入れ、国内の Web サイトで販売し、仕入れ価格と販売価格の利ざやが収入になる仕事です。仕入れと販売の価格の差額で儲ける点は、「せどり」とも似ていますね。

　商品を海外から仕入れるため、英語のスキルが必要と思われがちですが、中学・高校レベルの英語の知識やインターネットの翻訳サービスを利用すれば、英語に苦手意識を持っている人でも始められます。

　仕組みはシンプルですが、輸入した商品を Web サイトにただ出品するだけでは売れません。購入者に「買いたい」と思ってもらう仕掛けを用意する必要があります。

　例えば、商品の説明をするときに、購入者は一体その商品のどんな情報を知りたいのかを考えます。時計であれば、材質や重さなどの情報は当然ですが、どのようなコーディネートに合うのか、その時計を身につけるとどんな楽しいことがあるのかなど、購入後の具体的なイメージを伝える必要もあります。

　また、売れれば商品の梱包や発送といった作業が必要になります。こうした単純作業は販売する商品の数が増えてくると、時間と労力がかかり、効率が悪くなる原因になりますので、在庫の管理も含めて代行してくれる会社を見つけておくといいでしょう。

　もちろん輸入ビジネスにも、リスクやデメリットがあります。

　新品を仕入れたはずが中古品が送られてきたとか、数量が間違っていたとか、全然違う商品が届いたなど、海外仕入れならではのトラブルもあります。始めるにはこうしたリスクや労力も覚悟しておきましょう。

SIDE JOB

第 5 章

スキルを活かせる副業

すでに本業や趣味で何らかのスキル（技術）を持っている場合、
副業に活かして収入につなげられるかもしれません。この章では、
スキルを収入に還元できる副業を紹介します。もしかしたら副業に
活かせないと思っているスキルでも、収入になるかもしれません。

▶046

アプリ開発

スキルとセンス次第で収入アップも見込める

収入の目安	数千〜数十万円		
始めやすさ	★★☆☆☆	時間帯	午前　午後　深夜
即金性	★★☆☆☆	勤務時間	すき間時間を利用可
難易度	★★★★☆	勤務地	自宅
必要設備	パソコン、アプリ開発専用ソフト		
必要スキル	プログラミング言語		
始めるには	募集サイトを通じて受託もしくは自作アプリを開発して審査を受ける		

ヒット作を出せれば大幅収入増も見込める

　スマートフォンにインストールすると、機能を拡充し、日々の生活を便利にしてくれるアプリケーション（以下アプリ）。

　こうしたスマートフォン向けのアプリを制作するアプリ開発は、本業でプログラミングをしている人にとっては馴染みがあり、比較的始めやすい副業といえるでしょう。

　アプリには、主に iPhone アプリと Android アプリの2種類があり、それぞれで開発のために必要なプログラミング言語や、パソコンの環境整備が異なります。

　iPhone アプリを開発するには、プログラミング言語に Objective-C や Swift、パソコン環境は Xcode が必要で、Android アプリを開発するにはプログラミング言語に Java、パソコン環境は Android Studio というソフトが必要です。

　アプリができたら、審査を受け、通過すれば販売が可能になります。審査の基準は、アプリケーション審査ガイドを検索すれば知ることができます。

　ちなみにアプリ開発には、自作アプリと受託アプリの2通りがあり、それぞれ収入を得る方法も異なります。

　自作アプリはアプリ内に広告を表示したり、利用者から課金するシステムを導入したりすることで収入につなげますが、そもそもアプリ自体が人気にならなければ、なかなか収入にはなりません。単純なアプリでも着眼点が面白ければヒットする可能性はありますので、センスを磨いてチャレンジしてみてください。

　一方、受託アプリは依頼を受けて開発するものですので、確実に報酬を得ることができます。ただし、1つの仕事で1つの報酬ですので、自作アプリのように継続的な収入にはなりません。

129

▶ 047

移動販売

イベント集客、固定客を掴んでがっちり稼ぐ！

収入の目安	販売する商品の売上による		
始めやすさ	★☆☆☆☆	時間帯	午前 午後 深夜
即金性	★★★☆☆	勤務時間	4〜8時間
難易度	★★★★★	勤務地	販売場所
資格	営業許可、食品衛生責任者の資格など		
必要設備	調理・販売用の車、調理設備		
始めるには	車・設備を整え、資格・許可を得る		

130　第5章　スキルを活かせる副業

実店舗より開業のハードルが低い！

　街や公園を歩いていると見かける移動販売。車に備え付けられた調理設備を使い、その場で調理をし、出来立ての料理を提供してくれます。クレープやたい焼きなど、誰もが一度は買ったことがあるのではないでしょうか。最近では「キッチンカー」という愛称でも親しまれています。

　移動販売は、文字通り店舗を構えず車で移動しながら料理を販売する仕事です。移動販売を行うには、大きく分けて2つの準備が必要です。

　1つは、資格や許可を得ること。もう1つは、車や調理器具などの設備を整えることです。

　移動販売に必要な資格と許可には2種類のものがあります。まず、営業をする地域の営業許可。これは、地域にある保健所に申請します。次に、食品衛生責任者の資格。これは調理師や栄養士であればすでに持っていますが、そうではない場合、保健所の講習会に参加することで取得できます。

　移動販売に使う車は、提供する料理や業態に合わせて改造する必要があります。中古車でも問題なければ費用を抑えられます。また最近ではレンタルもあるようなので調べてみましょう。

　移動販売は、実際の店舗を構えるよりも開業資金が少なく済むというメリットがあります。実店舗では家賃が発生するのに対し、移動販売はその数分の1のコストで運営することもできます。

　また、移動ができるという特性を活かし、イベント会場など人が多く集まっているエリアにピンポイントで出店することも可能です。柔軟な営業ができることが何よりの強みといえるでしょう。

　逆に、定期的に同じ場所に出店すれば、「毎週土曜日のお昼にお店が出ている」といったようにお客様に認識してもらえます。こうした固定客をつかむことも売り上げアップの秘訣です。

▶048

イラストレーター

イラストで媒体を華やかに飾る

収入の目安	1点500円前後〜		
始めやすさ	★★★★☆	時間帯	午前　午後　深夜
即金性	★★☆☆☆	勤務時間	イラストの点数による
難易度	★★★★☆	勤務地	自宅
似ている副業	LINEスタンプ制作		
必要スキル	イラストレーターやフォトショップなどの使い方		
始めるには	クラウドソーシングやイラスト投稿サイトから仕事を受注する		

事前の打ち合わせが仕事の成否を決める

　雑誌や書籍、Web 媒体など、様々なメディアに掲載されるイラストを描く仕事です。

　イラストを描くのが得意だったり、他の人には真似できない独特のタッチのイラストが描けるなど、イラストを描くことに自信がある人には向いている副業です。

　売れっ子になれば多くの仕事が舞い込み、様々なメディアに掲載されますが、多くのイラストレーターは小さな挿絵など細かな仕事をコツコツとこなしています。

　実は、イラストレーターは副業として仕事をしている人が多い世界でもあります。本業ではデザインや Web 関連の仕事をしている人が多く、これらの業界と副業イラストレーターは親和性が高いのかもしれません。

　副業でイラストレーターをする場合、必ず気をつけなければならないのは、クライアントからの要望を鵜呑みにしないことです。そもそも納期を守ってベストに近いイラストを納品することが理想なのですが、先方の依頼通りに描いたつもりでも、何度もやり直しを頼まれたり、時には全く違うタッチでの描き直しを指示されることもあります。そのために納期がずれ込んだり、クオリティが落ちたりすると、クライアントも自分自身も納得がいかなくなります。それどころか仕事量に対する報酬が見合わないという事態になりかねません。それを防ぐためには、事前の打ち合わせで、やり直しの回数制限や、タッチを変更する場合の追加報酬など、細かいルール確認をしておく必要があります。また、もともと時間の制約が多い中、副業として仕事を請け負うわけですので、納期など無理のないスケジュールも心がけましょう。

133

▶049

Web デザイナー

クライアントの望みをデザインで叶える

収入の目安	1件 2,000 ～ 50,000 円		
始めやすさ	★★☆☆☆	時間帯	午前 午後 深夜
即金性	★★☆☆☆	勤務時間	業務内容により異なる
難易度	★★★☆☆	勤務地	自宅
報酬の特徴	完全出来高制が多い		
必要スキル	フォトショップ、イラストレーターなどの使い方		
始めるには	口コミかマッチングサイトを利用して仕事を受注する		

スキル次第で報酬大幅アップも狙える

　企業や個人から依頼を受けて Web サイトのデザインをする仕事です。パソコンさえあれば、自宅でもできるため、女性を中心に人気があります。

　Web デザインの仕事は広範囲にわたり、HTML コーディングやビジュアルデザイン、色相やトーンの知識など、多くのスキルが求められます。またセンスが必要なこともあり、本業でデザイン関連の仕事をしているか、こうした技術を習うことができる環境にある人でないと、なかなか気軽には始められない仕事でもあります。

　ちなみに Web デザインについては、オンラインで学べる教育コンテンツが多数あり、本業の合間を縫って勉強することも可能ですが、ゼロから始めるには、相当な努力が必要です。

　Web デザイナーとして仕事をしていく上で、大切なことの1つが「実績」です。実績を積んでいけば、1つの仕事を10万円程度で請け負うことも可能ですが、それまではとにかく報酬が安くても仕事の数をこなし、腕を磨き、経験値を上げる必要があります。

　ちなみに、Web デザインナーは Web サイト全体のデザインをするとは限りません。ブログやロゴなど一部分のデザイン、名刺のデザインなどを依頼されることもありますので、まずはこうした小さな仕事から実績を作っていくといいでしょう。

　仕事の探し方には、知り合いや口コミなどの人づてで探す方法と、マッチングサイトなどを利用する方法の、主に2つがあります。マッチングサイトには多くの案件が掲載され、常に Web デザイナーが募集されていますが、その分ライバルも多いので、実績やセンスで勝負できるようにしておきましょう。

135

▶ 050

Web ライター

文章力と読まれる工夫が収入増のカギ

収入の目安	1記事約数百円 / 1文字約0.1～2円		
始めやすさ	★★★☆☆	時間帯	午前 午後 深夜
即金性	★★☆☆☆	勤務時間	作成する記事により変動
難易度	★★★★☆	勤務地	自宅
募集サイト	クラウドワークス、ランサーズ、ココナラなど		
必要スキル	SEO対策をした文章作成スキル		
始めるには	募集サイトに登録する		

1人でも多くのユーザーに読まれる工夫をする

　インターネット上のニュースサイトやネットショップで取り扱う商品の宣伝文、ブログでの商品説明、プロフィールや感想文など、Web 上で公開される文章を書くのが仕事です。

　Web ライターの仕事には、当然文章力が求められますが、それと同じくらい必要とされるのが、検索エンジン最適化（SEO）のためのキーワードを盛り込んだ文章作成スキルです。

　例えばニュースサイトなどは、サイトへの訪問者数に応じて、広告収入を得る仕組みになっていますので、1人でも多くの人に検索で記事を見つけてもらい、読まれるようにする必要があります。もちろんネットショップやブログでの商品説明、プロフィールなども検索で見つけてもらえるに越したことはありません。

　Web ライターとして仕事を始めるためには、ブログや SNS を通して自力で集客する方法もありますが、これには時間と労力が必要になります。

　もっと早く仕事を請け負うには、Web ライター募集サイトへ登録することです。記事を書きたいライターと記事を書いてほしい企業をマッチングするサイトがありますので、そこに登録し、様々な案件に応募してみるといいでしょう。

　できれば最初は、自分の趣味や本業と関わりのある分野の記事から始めてみてください。仕事に慣れてくれば、新しい知識や体験を通して、書けるジャンルの幅を広げ、より良い仕事を請けられるよう腕を磨くことも大切です。

137

▶051
営業代行

得意分野の有無が待遇に影響

収入の目安	アポイントメントや契約数による
始めやすさ	★★★☆☆
即金性	★★☆☆☆
難易度	★★★☆☆

時間帯	午前 午後 深夜
勤務時間	4〜8時間
勤務地	営業先

求人の特徴	平日の昼間の募集が多い
必要スキル	営業職としての経験
始めるには	派遣会社や代行会社に登録する

効率的な営業ができるかがカギ

　企業の商品やサービスを売るために、社員に代わって営業をする仕事です。

　営業代行と一口にいっても、様々な仕事があり、依頼を受ける企業によって求められるスキルが異なります。営業電話、アポイントメント取得、見込み顧客のリスト作成など、在宅でできるものもあれば、実際に顧客を訪問し、商品の説明から契約までを行うこともあります。

　企業からの報酬の多くは契約やアポイントメントの件数に応じた成果報酬型です。アポイントメントだけではなく、契約を取るところまでを任せられると報酬額は上がります。ただし、時間に応じて報酬を得られる時給制とは異なり、効率よく契約を獲得できなければ費やした時間に見合う報酬は見込めず、時間の浪費に終わります。営業を代行する商品やサービスには、顧客との相性があります。やみくもに営業をしていくのではなく、確実に契約してもらうための最短ルートを考えながら取り組みましょう。

　営業代行の仕事を始めるには、代行を請け負う代行会社や派遣会社に登録しますが、フリーランスで行いたい場合はクラウドソーシングなどを活用して案件を探すのも1つの方法です。

　また、基本的にはこれまでの営業職としての経験やスキルが重視されますが、電話でのアポイント取得能力や、見込み顧客が多数あるなど何か1つでも長けた部分があれば、十分なアピールポイントになるでしょう。当然ですが一般的なビジネスマナーや電話応対、ビジネス文書の書き方は必須能力ですのでマスターしておく必要があります。

139

▶052
家庭教師

受験シーズンや夏休みに需要急増

収入の目安	時給1,500～3,000円		
始めやすさ	★★★★☆	時間帯	午前 午後 深夜
即金性	★★★☆☆	勤務時間	1～4時間
難易度	★★★★☆	勤務地	生徒宅
似ている副業	塾講師		
必要スキル	担当教科の専門知識		
始めるには	派遣会社に登録する		

仕事を始めるには経験が重視される

　家庭教師は、子どもの将来を預かる責任ある仕事です。その分、報酬も高額になり、小学生の指導でも、1,500円以上の時給が相場です。

　もちろん高校生など学年が上がるほど、勉強も難しく、専門性が必要になるため、さらに時給は上がります。複数の生徒を受け持つことができれば、月に10万円ほどの収入も見込めるでしょう。

　副業として家庭教師を始めるには、家庭教師の派遣会社の面接を受けるのが近道です。受験勉強に大切な時期である夏休みや、年末〜3月といった追い込み時期には、情報サイトに求人が多数掲載されます。

　ただし、採用されるには、大卒の学歴は必須で、家庭教師や塾講師の経験があったほうが有利になります。加えて、出身大学のランクや教員免許を持っているかどうか、英検やTOEICスコアなどの実績も加味されます。

　こうした仲介会社を利用すると、勤務先や自宅近くの生徒を紹介してもらえたり、何か困ったことがあれば仲介会社に問い合わせたりできるというメリットがあります。その反面、得られる収入は仲介料を引いた金額になります。

　仲介会社に登録せず、自分で生徒を探すことができれば、仲介料はなくなり、収入アップも見込めますが、その分生徒の募集に時間と労力を割くことになります。

　例えば、知り合いや親族伝いに生徒を探してみたり、インターネットで募集をかけてみたり、公民館や病院、銀行など、子どもを持つ親が立ち寄りそうな場所にチラシを置かせてもらったりするといったことが必要になります。本業の合間にかけられる労力や時間を総合的に考えながら、働くスタイルを選びましょう。

▶ 053

カメラマン

趣味程度のスキルでも切り口次第で稼げる

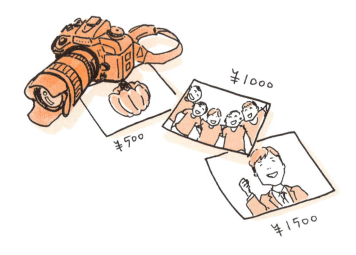

収入の目安	日給8,000～10,000円
始めやすさ	★★★☆☆
即金性	★★★☆☆
難易度	★★★★☆
必要スキル	撮影対象に合わせた撮影スキル
必要設備	カメラ、ストロボなどの撮影機材、レタッチソフトなど
始めるには	撮影依頼を受ける、投稿サイトに写真を投稿する

時間帯	午前　午後　深夜
勤務時間	撮影地、被写体により異なる
勤務地	自宅及び撮影地

人物撮影、商品撮影など得意ジャンルを活かす

　カメラマンとして収入を得るには、大きく分けて2通りの方法があります。

　1つは、依頼を受けての撮影です。例えば結婚式や学校の行事、各種イベントの主催者から依頼を受けて撮影をするパターンがこれにあたります。さらには名刺やWebサイトに掲載するためのプロフィール写真、飲食店や雑貨店などの商品や店内の写真など、ビジネス用の撮影依頼を受けるケースもあります。

　いずれにしても人物や物を撮ることが多く、普段から一眼レフカメラなどで撮影をすることが好きな人には、うってつけの副業といえるでしょう。

　こうした依頼を受けて撮影する仕事以外に、近年注目されているのが「写真を売る」スタイルのカメラマンの仕事です。

「PIXTA（ピクスタ）」「フォトライブラリー」といった写真サイトにクリエイターとして登録し、自分で撮った写真を販売します。こうしたサイトは、プロのカメラマンに依頼すると数万円かかる写真でも500～5,000円ほどの価格で購入できることが特徴で、個人事業主や企業からも人気があります。写真が売れると、売り上げから手数料などを引いた金額がカメラマンの収入となります。手数料はサイトごとに違いますので、チェックしておきましょう。

　できるだけ売れる写真を撮影・投稿するには、すでに投稿されていて売れている写真はどんなものなのかリサーチをすることが大切です。併せて「どんな人に使ってもらうか」を想定して撮影することも重要です。例えば、化粧品メーカーにホームページで使ってもらいたいなら、モデルに依頼し、洗顔やパックをしている写真を撮影するなど、購入者を明確にイメージできているといいでしょう。

143

▶ 054

教室経営

生徒がつくと安定した収入に

収入の目安	数千〜数万円（月2〜3回開催）
始めやすさ	★★☆☆☆
即金性	★★☆☆☆
難易度	★★★☆☆
資格	ジャンルによっては民間資格が必要な場合も
男女比率	2：8
始めるには	会場選び→ブログやSNS、ホームページで告知→集客

時間帯	午前　午後　深夜
勤務時間	1〜3時間
勤務地	自宅または貸し会場

第5章　スキルを活かせる副業

生徒のリピート参加が収入を安定させる

　教室経営は、生徒を集め、自分のスキルや経験を伝えて収入を得る副業です。

　教室にも様々なジャンルがあります。我々が幼い頃によく耳にしたのは「そろばん教室」「書道教室」「野球教室」などですが、今はその種類も多岐にわたり、大人向けに開催されているものもたくさんあります。

　ざっと挙げるだけでも、メイク、美容、健康、歩き方、姿勢、発声、アロマといった自分磨きを目的としたものや、ペーパークラフト、ビーズ、ワイヤー、布小物、革小物といったハンドメイド系の教室、そしてスポーツ、英会話といった定番のものからフィギュア作り、作曲など一部のマニアに特化したものまで、実に様々です。これだけあれば、自分でも何かできそうな気がしますね。

　教室経営で大切なのは生徒集めです。そのためには、ブログや SNS を活用した情報発信が欠かせません。そして、来て下さった生徒がリピートして通ってくださることで収入が安定します。

　リピートしてもらうためにはかつての「そろばん」や「書道」のように「級」を設けて成長を実感してもらう仕組みを作ったり、受講した後に次回の予約を入れてもらう流れを作ったりするのが効果的です。

　まずは自分が何を教えられるか、知識や技術の棚卸しをしてみましょう。昔取った杵柄でも OK です。ノートにたくさん箇条書きで書き出して、何の教室ができるかを確認しましょう。できることが見つかったら Web サイトで情報発信をしつつ、会場探し、生徒集めを頑張りましょう。

145

▶ 055

ゲームテスター・デバッカー

意外と"ゲーム好きには天国"とはいえない？

収入の目安	時給800〜1,000円
始めやすさ	★★★★☆	時間帯	午前 午後 深夜
即金性	★★★☆☆	勤務時間	6〜8時間
難易度	★★★☆☆	勤務地	勤務先
ルール	守秘義務があり、テストしたゲームの内容を話してはいけない
関係業者	ゲーム製作会社
始めるには	専門会社やゲーム会社の求人に応募する

146　第5章　スキルを活かせる副業

開発中のゲームの異常を見つける

　開発中のゲームをプレイして、不具合やプログラムミスによる「バグ」がないか確認する仕事です。

　ゲームは膨大なプログラムで構成されています。複雑なシステムを構築するプログラムに1文字でも間違いがあると、ゲームが正しく動作しません。そのため、ゲームを世に出す前に実際にプレイしてみて、問題なく動作するかどうかを確かめる必要があるのです。

「ゲームをひたすらプレイする」と聞くと、ゲーム好きにとっては天職に思えるかもしれません。しかし、実際には長時間のプレイで体を酷使し、目や肩、腰などの痛みに見舞われる可能性もある仕事です。

　デバッグの仕事には、様々な進め方があります。長編のゲームであれば、数人で手分けをしながらプレイをしてバグを探します。はじめから通してプレイする場合もあれば、「キャラクターを壁に向かって走らせ続ける」「何時間も放置する」など、通常は行われることの少ない動作を続けることもあります。このように必ずしも楽しんでできるプレイだけが仕事になるわけではありません。

　ゲームテスター・デバッカーとして仕事をするには、デバッカーの専門会社やゲーム開発の会社の求人に応募します。デバッグの仕事は膨大にあるため、会社によっては交代制で24時間を通して行われることもあります。そうした会社は正に副業向きです。時給は800～1,000円ほどと高額ではありませんが、ゲーム開発の現場を覗いてみたい人にとってはいいでしょう。

　また、オンラインゲームでは「αテスト」「βテスト」と称して、自宅でテスターがプレイすることもあります。自宅でできるメリットはあるものの、ほとんどの場合報酬は発生しないようです。

147

▶ 056

講師業

自分の得意なことを教えて収入を得る

収入の目安	講演1回数千〜数万円
始めやすさ	★★★☆☆
即金性	★★★☆☆
難易度	★★★★☆
リスク	顔バレの可能性あり
必要スキル	趣味や仕事の専門知識、知識をわかりやすく話す技術
始めるには	企画書を商工会議所などに持ち込み→講師料交渉→実施

時間帯	午前 午後 深夜
勤務時間	1〜3時間
勤務地	セミナー会場など

ジャンルによって収入も変わる

　講師業は特に在庫を持たず、自身の経験や知識を多くの人に話し伝えることで収入を生み出す仕事です。大勢の人の前で話し、喜んでいただくことが好きな人に向いている仕事でしょう。自分の好きなことを話して収入になるのですから、なんて素敵な仕事だろうと思う人も多いですが、実際には「伝わりやすい話し方」「退屈させない技術」などを磨き続けなければ、次回以降の仕事につながりません。また誰しも実績ゼロからスタートしますので、最初の1講演の仕事を勝ち取るまでが大変です。

　もし、あなたがビジネスに役立つ話ができるのなら、企画書を書いて、近隣の商工会議所などに持ち込んでみましょう。大抵は年間の予算とスケジュールが決まっていますので、そこに割り込むことは難しいですが、企画が面白そうであれば次年度に開講させてもらえるかもしれません。あるいは異業種交流会や朝活などに参加して主催者とつながり、講演の機会を得るという方法もあります。

　もし、社会貢献度の高い話ができるのでしたら、学校や役所などに企画書を持ち込んでもいいでしょう。ただし、この場合講演料が安かったり、場合によっては無報酬ということもあります。ただ、それでも1回でも多く講演することで実績を作り、次につなげるという考え方もありますので、根気よくチャレンジしてみましょう。

　ただし、ブログやSNSなどを使って自力で集客できる場合はこの限りではありません。自力集客なら参加費も自分で決めることができますので、単純計算で参加費×参加人数−会場費があなたの収入になります。また、好きなジャンルで好きなことを話せる自由もあります。

　講師業を副業とする場合、一番気をつけたいのは顔バレです。聴者の中に本業の会社関係、取引先関係の人がいるとアウトですから、そのあたりは常に気をつけておきましょう。

149

▶ 057

校正

出版業界で働きたいならこの副業！

収入の目安	時給800〜1,200円		
始めやすさ	★★★☆☆	時間帯	午前 午後 深夜
即金性	★★★☆☆	勤務時間	4〜8時間
難易度	★★★☆☆	勤務地	勤務先
向いている人	文字の誤字脱字に気づきやすい人、間違いを許せない人		
必要スキル	一般常識、漢字などの日本語能力		
始めるには	出版社や校正専門会社の求人に応募する		

責任感を持って原稿と向き合う

　たびたびテレビドラマや漫画などの舞台にもなる出版業界。

　校正は、出版業界で大変重要な役割を担っています。その仕事内容は、雑誌や書籍、取扱説明書、Web の記事などに誤字脱字や内容の間違い、文字と文字の間隔などに誤りがないかを確認すること。間違いがあれば、赤ペンで訂正をしたり、編集者や著者に確認をしたりします。

　集中力および、入念な確認が必要な根気のいる仕事です。

　例えば「変わる」と「代わる」といった同音異義語や、文体・単語の統一など一見見落としてしまいそうな細かな部分にも目を光らせなければなりません。

　また、差別用語やコンプライアンスを遵守していない表現も見落としてしまうと出版社へのクレームにつながりかねません。非常に責任感が必要な仕事でもあります。

　また、これは厳密には「校閲」という別の仕事ですが、文章の中に事実と違うことがあれば、間違いを指摘する必要があります。プロの校正（校閲）者は、歴史上の出来事から芸能人の情報まで、根気強く調べ、間違いを指摘します。

　もし、あなたが日ごろから文章の誤字脱字に気づきやすく、間違いを許さない責任感を持ち合わせているのならば、向いている副業といえるでしょう。

　校正の仕事は出版社や印刷会社、校正の専門会社が求人を募集しています。未経験でも始められる会社もあるようですが、校正をする上で必要な一般常識や漢字、わかりやすい日本語の文法など最低限のスキルは必要です。また、校正に用いる校正記号もあらかじめ調べておくとスムーズに始められるでしょう。

▶ 058

コンサルタント

自分の知識や経験を活かして人にアドバイスをする

収入の目安	1回数千〜数十万円		
始めやすさ	★★★☆☆	時間帯	午前 午後 深夜
即金性	★★★☆☆	勤務時間	1〜3時間
難易度	★★★★☆	勤務地	カフェや会議室など
資格	ジャンルによっては資格が必要（会計、帳簿、医療など）		
必要スキル	アドバイスをするジャンルでの実務経験など		
始めるには	経験や知識の棚卸し→情報発信→クライアント募集		

需要が多ければ一気に高額収入のチャンス

　あなたが持っている知識や経験が人の役に立ちそうなら、コンサルタントとして活動するのも1つの方法です。

　コンサルタントといえば、一般的には経営コンサルタントを指すことが多いですが、実はそれ以外にも様々なジャンルのコンサルタント業が存在します。

　例えば、農業に関するコンサルタント、人材育成に関するコンサルタント、出版コンサルタント、キャリアコンサルタント、またビジネスから離れたジャンルでも、まちづくり、観光、選挙、終活など実に様々な分野にコンサルタントがいます。

　基本的に資格の不要な仕事が多いのですが、中には国家資格などが必要なジャンルもあります。事前に調査しておくことをおすすめします。

　資格が不要であれば、名乗った時点からコンサルタントになれてしまうわけですが、肝心のクライアントを獲得しなければ収入にはなりません。ジャンルによりますが、商工会議所や異業種交流会といったところで人脈を広げるところから始めてみましょう。

　実績を積んで信頼度が上がるまでは、お試し価格などで仕事を受けていく必要もありますので、しっかりとした収入を生み出すには時間も労力もかかると考えてください。

　ただし、あなたがアドバイスしたいジャンルの需要が高ければ、一気に高収入も夢ではありません。

　一点だけ気をつけたいのは、本業で得た知識を使って他社にコンサルティングを行うことは、就労規則違反に該当する場合がありますので、避けましょう。

153

▶059

自作曲販売

今や楽曲も個人で販売できる時代に

収入の目安	1曲数十〜数百円		
始めやすさ	★★★★★	時間帯	午前 午後 深夜
即金性	★★★☆☆	勤務時間	制限なし
難易度	★★★☆☆	勤務地	自宅またはスタジオ
必要スキル	曲作りの知識とインターネットでの楽曲販売の知識		
道具	楽器または作曲ソフト		
始めるには	レンタルスタジオや楽器の準備。もしくは作曲ソフトの準備		

いかに目立つか、印象に残すかがカギ

　一口に楽曲販売といっても、様々なジャンルの曲、そして様々な販売方法があります。

　まず曲について見てみますと、一般に販売されているCDのように、自分のファンに向けて販売するパターンもあれば、効果音やBGMなどのように相手が欲しいと思っているものを作って売るというパターンもあります。まずはあなたがどこを目指したいのかをはっきりさせておきましょう。ちなみに、どちらが売れやすいか一概にはいえませんが、ファンに向けて販売するためには当然多くのファンの存在が必要になりますし、ファンがつくまでにはそれなりの時間と労力も必要であることは理解しておきましょう。

　売りたい曲の方向性が決まったら、あとは売り方です。今やWeb上には楽曲販売サービスが無数にあります。そうしたサービスに登録し、曲をアップロードして販売するのが主流となっていますが、各サイトごとに販売手数料が決められています。よく確認してから利用しましょう。また1人で無数のサイトに登録するのは手間がかかり管理も大変ですので、それを一括管理してくれるサービス（※）を活用するのも1つの手段です。

　また、独自でホームページを作ったり、ブログやネットショップサービスを使って直接販売することも可能ですが、当然自力集客がメインとなります。それでもうまく行けば手数料などを取られることなく、ほぼすべてが自分の収入になるのは魅力です。

　逆にサービスサイトで販売する場合は、サイト側である程度の集客力を持っていますので、自力での集客力がなくても売れる可能性があります。その分簡単に見えますが、ライバルも多いので、ジャケット写真やネーミング、もちろん曲の個性などで目立つ工夫が必要になります。

（※ https://www.tunecore.co.jp/）

▶ 060

塾講師

生徒を志望校合格まで導く救世主

収入の目安	1授業あたり1,500～2,000円		
始めやすさ	★★★☆☆	時間帯	午前 午後 深夜
即金性	★★★☆☆	勤務時間	1～6時間
難易度	★★★★☆	勤務地	勤務先
必要知識	担当教科の知識		
似ている副業	家庭教師、添削指導者		
始めるには	学習塾の求人に応募する		

勤務時間帯が副業向き

　学習塾で小学生、中学生、高校生に勉強を教える仕事です。

　学習塾の授業は、平日でも学校が終わった夕方〜 22 時ごろにかけて行われるため、平日会社勤めが終わったあとからでも、１つか２つは授業を受け持つことができます。

　また、土曜日も開講している学習塾も多く、平日夜＋土曜日をうまく使えば、収入面も期待できます。

　さて、学習塾と一口にいっても、生徒との接し方や専門性も様々です。大きく分けると集団授業か個別指導に分かれます。

　集団授業の場合、生徒 10 〜 20 人に対し、講師 1 人が指導を行います。学校の指導形式に近く、学習の理解度が生徒によって異なりますので注意が必要です。

　個別指導は生徒と 1 対 1 もしくは、２〜３人に対して講師 1 人が授業を行います。きめ細やかな指導ができる反面、生徒とのコミュニケーションを重視し、生徒のやる気を引き出さなければなりません。

　また、学習塾によっては生徒の合格率や合格校が重視されます。難関校や国公立受験を目的とした学習塾であれば、そうした学校の出身者、あるいは教える教科の突出した専門性などが講師に求められます。

　また、授業の前には講師も予習が必要になりますが、それに費やす時間に賃金は支払われません。塾講師として経験を積むまでは、拘束時間や実労働時間と支払われる給料が見合わない可能性もあり、そうした時間と労力をどのように捻出し、継続していくかが課題でもあります。

157

▶ 061

出張シェフ

得意の料理で笑顔を届ける

収入の目安	1回あたりの料金を自分で設定できる		
始めやすさ	★★☆☆☆	時間帯	午前 午後 深夜
即金性	★★★☆☆	勤務時間	3時間〜
難易度	★★★★☆	勤務地	依頼者宅などの出張先
募集サイト	MyChef、PRIME CHEF など		
必要スキル	料理人としての経験		
始めるには	募集サイトに登録する		

個人の料理人として勝負できる

　料理が大の得意、料理人の経験がある、他人に自分が作った料理を食べてもらいたい。そんな人におすすめの副業が「出張シェフ」です。

　出張シェフは、依頼主の自宅やパーティー会場に行き、実際にその場で調理をし、料理を提供する仕事です。料理家や調理専門学校の講師、レストランのコック、料理教室の先生など、多くの料理のスペシャリストが副業にしています。

　また、現在は料理と無縁の仕事を本業にしていても、過去に料理人として働いていた経験があり、出張シェフとして活躍している人もいます。

　出張シェフを始めるには、出張シェフの会社に登録をする必要があります。「月に1～2回」「土日を中心に」など希望の条件を伝えられますので、好きなペースで働くことができます。

　1回の出張は、移動時間を含まないで3～3時間半ほどです。スケジュールや移動、本業との兼ね合いも考慮しながら無理せず稼げるのも、出張シェフのメリットです。

　通常、料理人は自分の名前でなくお店の名前で料理を評価されがちです。しかし出張シェフであれば、自分自身の名前でお客様に喜んでいただくことができますので、料理人として最高の喜びを感じることができるのもメリットの1つでしょう。

　報酬は、料理の内容や量により異なります。例えば、1回の出張で1人5,000円の料理を10人分と設定すると、50,000円が売上となります。交通費込みの場合は、そこから交通費や材料費を引いた金額が利益となります。シェフとして将来独立を考えているのであれば、一種の経営感覚も身につけることができるかもしれませんね。

062

賞状書士

PC全盛の時代にも根強い人気

収入の目安	1枚2,000〜5,000円		
始めやすさ	★★☆☆☆	時間帯	午前 午後 深夜
即金性	★★☆☆☆	勤務時間	3時間前後
難易度	★★★★☆	勤務地	自宅
資格	賞状書士、賞状技法士など（あれば優遇）		
必要スキル	書道のテクニック		
始めるには	クラウドソーシングや紹介で仕事を探す		

毛筆1本で気持ちを届ける

　賞状や感謝状、招待状、のし書きなどの毛筆書きを行う仕事です。印刷技術が発達しても、相手の功績を称えたり、敬意を表したりする書面では手書きの文字が求められるため、需要があります。

　名称こそ「賞状書士」で一般化していますが、賞状や感謝状など各種賞状のほかに、贈答品の表書きや宛て名書き、名札、招待状、式次第、祝辞、ポスター、のし書きなど、様々な活躍の場があります。

　賞状書士の仕事は特別な資格がなくても始められます。しかし、多くの賞状書士は民間資格を取得していたり、書道の師範免許を持っていたりします。また、毛筆で美しい字を書かなければならないだけでなく、書き間違いをしないためにも、高い集中力が求められます。

　仕事は1日3時間程度で、在宅でできることも魅力ですが、集中力が必要な仕事ですので長時間続けることは難しいでしょう。しかしながら、すき間時間を上手に使って月に10万円ほど稼いでいる人もいるようです。

　賞状書士の仕事は決して見つけやすいとはいえません。のし書きが必要なお店であっても、字の上手な社員が片手間に書いていることが大半です。クラウドソーシングや資格取得時の講師に紹介してもらうなど、地道に探していきましょう。

　とはいえ賞状書士は、技術さえ身につければ一生稼げる副業でもあります。書道好きの人にとって、毛筆1本で収入を生み出すシンプルさは、ほかの副業では味わえない醍醐味といえるでしょう。

161

▶063
スポーツインストラクター
健康的にお金を稼ぐ

収入の目安	時給1,000〜2,000円
始めやすさ	★★★☆☆
即金性	★★★☆☆
難易度	★★☆☆☆
時間帯	午前 午後 深夜
勤務時間	4〜8時間
勤務地	勤務先
資格	施設によってはあると優遇
似ている副業	フットサル審判員
始めるには	スポーツジムやフィットネススタジオの求人に応募する

経験や資格を活かして仕事を見つける

　スポーツジムやフィットネススタジオなど、様々なスポーツ専用の練習場でスポーツの指導をする仕事です。

　これらの施設の利用者には平日の日中に働いている会社員も多く、それに合わせてインストラクターも平日の夜、土日祝日の午後などが主な就労時間帯となります。副業インストラクターとしても働きやすい時間帯といえるでしょう。

　これらの施設でアルバイト募集の多いジャンルは、トレーニング器具の使い方を指導するトレーニングスタッフで、施設によって応募の際に資格の有無を問われることもあります。

　また、テニスや水泳、ゴルフ、ヨガ、スキーなど、専門のスポーツ練習場でインストラクターが募集されることもあります。過去に選手として活躍した経験や指導者の資格を持っている人にとっては、趣味や特技がそのまま収入に結びつく副業といえるでしょう。

　ただし、メジャーなスポーツの場合すでにインストラクターが多く、競争となることもあります。

　水泳であれば「水泳C級スポーツ指導員」、スキーであれば「基礎スキー準指導員」といった資格は必須ですし、選手としての実績も重視されます。逆にそうした実績がある人は自らのアピールポイントを明確にして仕事を探せば、日給5,000〜10,000円ほど稼ぐことも可能でしょう。

　また、こうしたスポーツジムや各種スポーツ専門の練習場だけでなく、知り合いやインターネットを通じて生徒を募り、個人で教室を開催するという方法もあります。

▶ 064
整体師

お客さんとの信頼関係でリピーター獲得

収入の目安	時給 900 ～ 1,200 円		
始めやすさ	★★☆☆☆	時間帯	午前 午後 深夜
即金性	★★☆☆☆	勤務時間	業務内容により異なる
難易度	★★★★☆	勤務地	勤務先
資格	あると優遇		
必要スキル	整体に関する知識		
始めるには	整体院の求人に応募する		

整体院で働きながら独立も目指せる

　その名の通り、患者さんに施術をし、不調を改善する仕事です。独立開業など、整体師の仕事を本業にするのであれば、資格は欠かせませんが、副業であれば、資格がなくても求人に応募できる整体院もあります。まずはそうした店舗で働き始め、働きながら資格の取得を目指すといいでしょう。

　整体院で働く場合は整体院の給与体系に従います。時給900～1,200円が一般的です。独立して個人で患者さんに応対する場合は、1人あたりの売上が4,000～5,000円が一般的です。

　整体師は鍼灸やマッサージと違い、国家資格ではありませんので、本来は元手0円で始めることも可能です。しかし、技術や知識が不足していては患者さんに満足していただくサービスが提供できないため、整体のスクールに通う必要があります。個人スクールか、大手のスクールかで受講料は違いますが、およそ50万～300万円程度必要になります。そういった意味ではなかなか気軽に始められない副業の1つともいえるでしょう。

　整体院に勤めないで1人で開業する場合、当然ですが集客も施術もすべて1人で行わなければなりません。必要な道具を揃えたり、設備を整えたりと、経営面でのリスクもあるので、慎重に判断しましょう。

　しかし、患者さんとの信頼関係が築けるとリピーターができ、やがて収入面でも安定しやすくなります。なるべく患者さんの話を聞く時間を取ったり、ストレッチの指導を行ったりすることが信頼関係への第一歩です。健康上の悩みを抱えている患者さんの心理的な負担も減らせるようにコミュニケーション能力も磨いていきましょう。

▶065 添削指導者

空き時間を利用して大量の答案と向き合う

収入の目安	1枚10〜300円		
始めやすさ	★★★☆☆	時間帯	午前 午後 深夜
即金性	★★★☆☆	勤務時間	30分〜4時間
難易度	★★★☆☆	勤務地	自宅
募集が多い時期	10〜2月の受験シーズン		
必要スキル	英語や数学などは高度な知識が必要		
始めるには	予備校や通信教育の求人に応募する		

慣れと効率化で収入増を狙う

　添削指導者とは、予備校や塾、通信教育などで行われるテストの答案や小論文を採点、添削する仕事です。

　予備校や学習塾から自宅に届く答案を受け取り、添削して返送します。在宅で仕事ができることも魅力の1つです。

　添削する答案の枚数に応じて収入が決まり、1枚10〜300円と難易度によって単価が変わります。

　単純な正誤チェックであれば、10〜数十円と単価は安く、小論文など高い学力が必要なものは300円前後が相場になります。

　採点には、ある程度慣れも必要です。添削指導者として仕事を始めたばかりのうちは、答案の採点スピードが遅いため、時給に換算すると500円に満たないこともあるでしょう。しかし、根気よく続けることができれば採点の速度も上がり、収入アップにつながっていきます。また、1枚あたりの単価が安くても、単純な正誤チェックのみを大量に添削して収入を増やすか、逆に時間がかかっても難易度の高いものを中心に添削をして、高単価での収入アップを目指すかなど、実践の中で試行錯誤をしながら判断してもいいでしょう。

　添削指導者の仕事を始めるには、予備校や通信教育の求人情報に応募し、面接や試験、研修を受ける必要があります。企業によっては、書類選考と試験のみで選考され、研修は自宅で受けられる場合もありますので、求人情報をよく確認して本業との兼ね合いなど自分に合った企業に応募しましょう。

　募集は受験シーズンの秋〜冬にかけて掲載されることが多く、これらの時期を狙って情報を集めましょう。

▶ 066
ドローン動画作成

ライバルが少ない間が狙い目

収入の目安	案件による		
始めやすさ	★★★★☆	時間帯	午前　午後　深夜
即金性	★★☆☆☆	勤務時間	2～6時間
難易度	★★★☆☆	勤務地	自宅または撮影地
必要スキル	ドローンの操縦、動画編集スキル		
必要設備	ドローン、動画編集ソフト		
始めるには	マッチングサイトに登録または動画サイトに投稿する		

操縦のマスターは比較的簡単

　ドローン（無人航空機）で上空から動画を撮影する仕事です。飛行が禁止されている場所での飛行事例など、近年ネガティブな話題が報道されることもありますが、空撮動画を利用したいと考えている企業は多くあります。

　例えば、企業のPRだけでも自社が所有する施設や社員が集まっているカットの空撮、企業の動画広告など、様々な需要があります。

　ドローンを操縦できる人はまだまだ多くありませんが、ラジコンヘリなどを操縦したことがない人でも、2日ほどあれば満足に操縦できるようになるでしょう。

　ドローンで撮影した動画で収入を得るには、2つの方法があります。

　1つは、マッチングサイトなどを利用して仕事を請け負う方法。もう1つは、YouTubeに動画をアップロードして広告収入を得る方法です。

　マッチングサイトにもいろいろありますが、中でも「Viibar」というサイトは多くの企業に利用されていて、3,000人以上のクリエイターが登録しています。動画を依頼したい企業が、作りたい動画にふさわしいクリエイターを探していますので、これまでに撮ってきた動画の実力が評価されれば、案件は次々と舞い込むでしょう。

　また、動画のアイデア次第ではYouTubeにアップして再生回数に応じた広告収入を見込むこともできます（詳しくはP.184のYouTuberをご覧ください）。それでもただ広告収入だけを目指すのではなく、そこから仕事の依頼を請けることも視野に入れて動画をアップロードするといいでしょう。

169

▶ 067

似顔絵師

被写体の魅力を絵で引き出す

収入の目安	1枚数千〜 20,000円		
始めやすさ	★★☆☆☆	時間帯	午前 午後 深夜
即金性	★★☆☆☆	勤務時間	2〜6時間
難易度	★★★★☆	勤務地	勤務先
資格	似顔絵検定（あれば優遇）		
必要スキル	似顔絵の描写力、コミュニケーション能力		
始めるには	似顔絵師の派遣会社に登録する		

コミュニケーションを取りながら1枚を仕上げる

　観光地やショッピングセンターでお客様の似顔絵を描く仕事です。似顔絵師は、短い時間でお客様の特徴を捉え、魅力を最大限に引き出さなければなりません。短い時間でもクオリティを落とさない確かなデッサン力が必要です。

　また、似顔絵の画力以外に、コミュニケーション能力も必要です。似顔絵を描いている間も、お客様に気持ちよく過ごしていただくためにいろいろと会話をしなければならないからです。そのあたりは通常のイラストレーターと違い、サービス業としての側面があることも心得ておきましょう。

　似顔絵師として働くには、公園や路上で個人的に営業するスタイルと、専門の派遣会社に登録して働く方法とがあります。

　派遣会社に登録すると、会社が紹介するイベントや商業施設、テーマパークなどに派遣され、そこで似顔絵を描きます。求人によっては、あらかじめ写実的なのか、デフォルメをするのかといった似顔絵のタッチが決められていることもありますので、自分が描けるタッチを見極め、応募する求人を選びましょう。

　案件によっては、在宅で働くこともできます。メールでお客様の写真を受け取り、表情をつけたりポーズをつけたりして似顔絵に仕上げます。

　似顔絵の世界には、日本似顔絵検定協会が主催する「似顔絵検定」という資格があり、技術によって1～6級に分かれています。準1級以上に合格し、作品審査に合格すると日本似顔絵検定協会の公認似顔絵師になれます。講習会や勉強会での講師ができるようになるほか、同協会のWebサイトで作品やプロフィールを公開でき、仕事につなげることができます。

▶ 068

ネットショップ

好きなものを売って収入を生み出す

ネットショップ：リカコちゃんの手作りヌイグルミのお店では、リカコちゃんが作ったオリジナリティーあふれるヌイグルミが

収入の目安	売り上げ－商品の原価		
始めやすさ	★★★★★	時間帯	午前　午後　深夜
即金性	★★★☆☆	勤務時間	制限なし
難易度	★★★☆☆	勤務地	自宅
法律	特定商取引法		
関係業者	卸売業者		
始めるには	ネットショップを作成し、商品を出品する		

一定の利益率確保と集客活動がカギ

　ネットショップには、無料もしくは低価格で使えるショップシステムを利用するものと、「Yahoo! ショッピング」や「楽天市場」といった Web 上のショッピングモールに出店するものとがあります。いずれにしてもお客様がいないと売上は立ちませんので、検索エンジン対策や Web 広告、もしくはブログや SNS を使った集客行動も併せて必要になります。

　ネットショップで取り扱う商品には、「自作の商品」と、「仕入れる商品」とがあります。

　自作のものであれば、手作り雑貨や既製品をアレンジしたものなど、趣味の延長から始めることもできます。また、ハンドメイド専門のショッピングモールもありますので、ショップ構築のハードルは低いでしょう。

　商品を仕入れる場合は、他店でも同じ商品を取り扱われる可能性が高く、価格競争に陥りがちですので、できるだけ低価格で仕入れられるルートを探してください。卸売業者によっては、個人でも仕入れさせてくれるところがありますので、問い合わせてみましょう。

　また、いずれのタイプの商品を取り扱うにしても、ネットショップの場合は利益率が6～7割確保できなければ成り立たないともいわれています。1つの取引だけでも商品撮影・説明文作成・アップロード・在庫管理・注文確認・入金確認・梱包・発送・アフターフォローメールといった多くの手間がかかるからです。

　忘れてはいけないのが「特定商取引法に基づく表示」の義務です。ネットショップでの商売は特定商取引（通信販売）にあたるため、特定商取引法に基づく表示をサイト内に掲示しなければなりません。名前・住所・電話番号などを記載する必要があり、ここから知られたくない人に副業をしていることが知られてしまう可能性もありますので気をつけましょう。

▶ 069
PC 出張サポート

パソコントラブルのレスキューサービス

収入の目安	時給1,500〜3,000円		
始めやすさ	★★☆☆☆	時間帯	午前 午後 深夜
即金性	★★★☆☆	勤務時間	業務内容により異なる
難易度	★★★★☆	勤務地	依頼先
募集が多い時期	増税前、OSのサポート終了前後など		
必要スキル	パソコンに関する専門知識		
始めるには	出張サポート会社に登録する		

174　第5章　スキルを活かせる副業

パソコン関連の「困った」に応える

　パソコンを使っていると、インターネット回線の不具合や機器の不調など、様々なトラブルに見舞われることがあります。出張サポートは、そんなトラブルが起きて困っている個人のお客様や企業を訪問し、問題解決にあたる仕事です。

　個人のお客様に対しては、インターネットの接続やパソコンの設置・セットアップ、ウイルス駆除、データ復旧といった作業が主な仕事になります。

　法人の場合は、業務用ソフトを何台ものパソコンにインストールしたり、社内インフラを構築したり、サーバーを管理したりするなど、依頼主の業務が効率的かつ円滑に進むためのサポートを行います。

　法人向けは、個人向けに比べて高いスキルが必要で、仕事も長時間になり、大きな責任も伴いますが、その分報酬は個人のお客様より高額になります。

　この仕事を始めるには、まず出張サポートを請け負う会社や人材派遣の会社に登録をします。希望の条件に合う案件が発生したときに連絡が入りますので、請け負うかどうかを決めましょう。また、クラウドソーシングを通して案件を探し、個人で仕事を請け負うことも可能です。

　出張サポートの依頼は、増税前や新しい機種の発売前、OS のサポート終了時など、パソコンの買い替え需要が増す時期に、多くなる傾向があります。この時期は案件を見つけやすくなりますので、活動を増やすチャンスでもあります。

　日ごろから仕事や趣味でパソコンに関する専門的な知識を蓄えている人にとっては、うってつけの副業となるでしょう。

175

▶ 070

プログラマー

アプリやWebサイトを支えるコードを作成する

収入の目安	1件 50,000 〜 200,000 円		
始めやすさ	★★★☆☆	時間帯	午前 午後 深夜
即金性	★★☆☆☆	勤務時間	4〜8時間
難易度	★★★★☆	勤務地	自宅
気をつけること	納期を厳守するためのスケジュール		
必要知識	アプリケーション開発用の言語などの専門知識		
始めるには	求人に応募する		

早く、正確に作業ができる集中力が必要

　システムエンジニアが作成したアプリケーションの仕様書や設計書を
もとに、プログラムのコードを作成する仕事です。

　プログラムには「C++」「Java」「perl」といったアプリケーション開発
用の言語や「SQL」「Oracle」といったデータベース作成用の言語など、
様々な文法を持った言語が用いられます。仕様書や設計書に基づきなが
ら、これらの言語を利用してプログラムを作ります。

　そうしてできあがったプログラムは点検や修正を重ね、リリースされ
ます。

　プログラマーの仕事は体力勝負といっても過言ではありません。大抵
のプログラムは膨大な分量になりますし、1文字でも間違えば正常に動
作しません。そのため、高い集中力が要求され、万が一間違いがあれ
ば素早く発見、修正できなければなりません。

　また、副業に限った話ではありませんが、クライアントから依頼され
たプログラム製作には納期があります。本業をこなしながらの仕事にな
るため、徹底したスケジュール管理が欠かせません。予想外の残業や
出張で計画通り進行できなければ、徹夜をしてでも納期に間に合わせ
なければならず、そうなると本業にも支障をきたします。自宅でパソコン
さえあればできる仕事ですが、想像以上に体力を消耗する仕事と心得て
おきましょう。

　収入の目安は、案件の難易度によって変わります。仮にプログラマー
としての経験が豊富で、プログラミング以外にも設計から管理まで請け
負うことができると、報酬も上がるでしょう。

177

▶071

ベビーシッター

忙しい共働き世帯の救世主！

収入の目安	時給1,000～2,000円		
始めやすさ	★★☆☆☆	時間帯	午前 午後 深夜
即金性	★★★☆☆	勤務時間	4～10時間
難易度	★★★★☆	勤務地	依頼者宅
募集サイト	imom、保育ママ.com 全国版など		
必要スキル	子育ての経験		
始めるには	募集サイトに登録する		

幼児教育などクライアントのニーズに沿えると収入アップ！

　赤ちゃんや子どもの自宅で親に代わり保育をする仕事です。内閣府のデータによると、両親ともに働いている共働き世帯は全世帯の59.9％を占めます。こうした背景を受け、副業としてのベビーシッターにも注目が集まっています。

　ベビーシッターを始めるために必要な資格はありません。ただし、必要な知識や経験を積むためには、資格取得は有効です。公益社団法人全国保育サービス協会の「認定ベビーシッター」などの資格を取得してもいいでしょう。

　また、資格は必要ではありませんが、子育ての経験はあったほうがいいでしょう。子育て経験がない場合でも、保育園や幼稚園での勤務経験など、子育てにつながる経験が必要です。

　ベビーシッターの副業を始めるには、大きく3つの方法があります。

　1つ目は、ベビーシッター派遣会社に登録すること。安定して仕事を得ることが期待できます。

　2つ目は、ベビーシッターと子どもの保育をしてもらいたい親のマッチングサイトを利用すること。サイト上で自分の条件に合う家庭を探すことができます。

　3つ目は、友人や知人から紹介してもらう方法。クライアントと直接交渉ができるため、高い報酬を得ることも可能です。

　ベビーシッターは自宅で子どもの面倒を見るだけが仕事ではありません。習い事への送迎や、幼児教育を見てもらいたいなど、クライアントによって様々な希望があります。

　また、最近では英会話などにも力を入れてほしいという要望もあるようです。自身の得意分野で親のニーズがあれば、積極的に売り込んでみてもいいでしょう。

179

▶072

翻訳

専門分野のスキルを持っているほど優遇される

収入の目安	時給1,000〜2,000円 / 1語10〜20円		
始めやすさ	★★☆☆☆	時間帯	午前 午後 深夜
即金性	★★☆☆☆	勤務時間	業務内容により異なる
難易度	★★★★★	勤務地	自宅
資格	TOEICのスコアなど		
必要スキル	高度な外国語の能力や専門性		
始めるには	翻訳会社のトライアルを受験する		

外国語だけでなく日本語の能力も必要

　日本語以外の言語で書かれた文章を日本語に訳したり、日本語の文章を各国の言語に訳したりする仕事です。

　翻訳の仕事では、レベルの高い外国語能力と分野別の専門知識が求められます。例えば、英語の翻訳をする場合、TOEICならレベルA（860点）以上の実力が必要といわれています。

　また、翻訳する文章には、専門用語や特殊な言い回しが使われているケースが多く、それらを読み解く専門性が必要とされます。

　そしてもう1つ、高い日本語スキルも求められます。他言語から日本語に翻訳する場合、読む人にとってわかりやすい文章表現でなくてはなりません。ただ訳しただけの文章は、単調で要点がわかりにくかったり、読みにくかったりするためです。

　翻訳の仕事には、主に出版翻訳、メディア翻訳、産業翻訳の3種類があります。それぞれ特徴を見ていきましょう。

　まず、出版翻訳は小説や絵本などの書籍、雑誌といった出版物の翻訳をする仕事です。特に小説や絵本は表現にセンスが問われるジャンルです。

　メディア翻訳は、テレビや映画といった出版物以外のメディアに関わる翻訳を行います。

　3つ目の産業翻訳が、翻訳者にとって一番仕事が多い分野です。他言語で書かれた契約書やマニュアル、ビジネス文書などを日本語に訳します。専門知識があれば重宝されますので、継続して仕事を受けられるチャンスもあるでしょう。

　翻訳者として働くには、会社に勤める方法とフリーランスで仕事を請ける方法があります。未経験者はまず、翻訳会社が行うトライアルを受験してみるといいでしょう。

▶073 漫画制作

働きながら漫画家を目指す

収入の目安	1ページ8,000～20,000円		
始めやすさ	★★☆☆☆	時間帯	午前 午後 深夜
即金性	★★☆☆☆	勤務時間	業務内容により異なる
難易度	★★★★★	勤務地	自宅
道具	漫画用のペンや用紙、スクリーントーンなど、またはペンタブレット		
必要スキル	イラストや漫画を描くスキル、シナリオ作りのスキル		
始めるには	プロダクションの求人に応募する		

商品や企業の魅力を漫画で伝える

　商品やサービスの特徴などを漫画にしてわかりやすく伝える仕事です。

　読者の中にも、漫画を使った商品やサービスの説明や、広告などを見たことがある方が大勢いらっしゃると思います。漫画だと商品のイメージやメリットも伝わりやすく、コミカルにまとまっているとそれだけで興味も湧きやすいですよね。

　最近では、会社案内や社長の半生を漫画にすることも多く、需要は拡大する一方です。

　こうした漫画制作の仕事は、漫画家を本職としている人が描いていることもありますが、会社員が副業で描くことも可能です。絵に自信があったり、働きながら漫画家を目指している方にとっては天職といえるでしょう。

　漫画制作の仕事を始めるには、漫画制作プロダクションに登録するのが近道です。プロダクションは、企業の依頼を受けて、商品やサービス、企業の特徴に合ったタッチの登録漫画家を提案します。その候補の中に入り、企業に選んでもらうことで仕事がスタートします。ただしプロダクションによっては、登録のために過去の作品を提出する必要があったり、試験が課されたりすることもあります。プロダクションが一定のレベルに達していると判断してくれれば、晴れて登録となります。こうした広告漫画を作成するプロダクションはインターネットで検索するだけでも多数ヒットします。

　ただし、この方法では自らの営業努力で仕事を増やすことは難しく、安定した収入には結びつきづらいというデメリットもあります。質の高い漫画をコンスタントに制作すること、依頼主の希望に沿う漫画を描くことで評価を上げていくことが次の仕事を呼び込む手段になるでしょう。

▶ 074

YouTuber

2010年代話題の新世代副業

収入の目安	再生回数×0.025〜0.05円		
始めやすさ	★★★★☆	時間帯	午前 午後 深夜
即金性	★☆☆☆☆	勤務時間	制限なし
難易度	★★★☆☆	勤務地	自宅
リスク	過激な動画を追求すると炎上する恐れも		
必要スキル	動画の撮影と編集スキル		
始めるには	動画を撮影してYouTubeにアップロードする		

第5章 スキルを活かせる副業

トップ YouTuber になれば一攫千金

「YouTube」とは、無料で動画を閲覧・投稿・共有できるサービスサイトです。無料で利用できる代わりに、動画の再生前や再生中に広告が表示される仕組みになっています。この YouTube に自作の映像をアップロードし、再生回数を増やすことで広告収入を得ている人たちのことを YouTuber と呼びます。

YouTuber は今や小学生がなりたい職業の人気ランキングにも登場する憧れの仕事です。

趣味や特技を活かした動画をアップロードするだけで広告収入を得られると聞くと、簡単に稼げそうなイメージを抱かれるかもしれませんが、実際には思ったように動画の再生回数が上がらず、軌道に乗せるまでに諦めてしまう人が大半です。

しかし一旦軌道に乗せると、広告料以外にも企業や官公庁などから製品やサービスの紹介動画を依頼されることもあり、そうしたタイアップ動画の配信も大切な収入源となります。

YouTuber になるには、YouTube のアカウント登録をし、動画を撮影・編集・アップロードします。このとき、YouTube の「クリエイターツール」から、「収益受け取りを有効にする」を選択、無事審査が通れば動画に広告が反映されるようになります。ただし、アップロードした全動画の合計再生回数が1万回を越えるまで審査は開始されませんので、まずは多くの動画をアップロードして、再生回数を増やす努力をしましょう。

広告収入は再生回数× 0.025 〜 0.05 円が目安です。審査通過後1万回再生されて、やっと 2,500 〜 5,000 円ほどの収入になります。

再生回数を上げるためには画質や音質に気をつけることも大切ですが、それ以上に動画の内容が大切です。むやみに過激な動画や公序良俗に反する動画をアップロードすることは厳禁です。

▶ 075

LINEスタンプ制作

絵が苦手でも稼げる可能性あり

収入の目安	スタンプ1セット販売で31〜42円		
始めやすさ	★★★★☆	時間帯	午前　午後　深夜
即金性	★★☆☆☆	勤務時間	制限なし
難易度	★★★☆☆	勤務地	自宅
審査基準	Creators Marcketサイト上でガイドラインを公開中		
必要設備	パソコン、スマートフォンなど		
始めるには	スタンプを作成し、Creators Marcketに申請する		

使いやすさや味があるスタンプが売れやすい

「LINE」とは、無料でメッセージのやりとりや通話ができるスマートフォン向けのアプリです。イラストで気持ちを伝える「スタンプ」機能が人気です。LINE スタンプ制作は、自作の LINE スタンプを制作し、販売する仕事です。絵が得意な人、本業でイラストやデザインに携わっている人にとっては、なじみ深い作業が多く、向いている副業といえるでしょう。

また 2016 年 10 月からは、写真を使ったオリジナルスタンプの販売も可能になりました。これにより、絵が描けなくてもスタンプの製作、販売ができるようになりました。スマートフォンで作成できるアプリもあり、絵が描けなくても、アイデアがあれば稼げる副業です。

スタンプを販売するには、まず LINE の「Creators Marcket」に登録し、サイト上に記載されているガイドラインに沿ってスタンプを作成、アップロードして審査を受けます。審査を通過すれば、無事販売開始できます。なお、作成するスタンプの数は 1 セット最少 8 個から最大 40 個まで、アニメのように動くスタンプは同じく 8 個から 24 個までとなっています。

クリエイターへの収益配分は、2017 年 8 月現在、販売価格（120 円／240 円／360 円／480 円／600 円から選択）から手数料などを引かれた 35％です。少ないと感じられるかもしれませんが、人気クリエイターになると、スタンプの売り上げだけでなく、企業とのコラボグッズ制作や実店舗でのキャラクターグッズ販売など、幅広く展開できる可能性もありますので、夢のある副業ともいえます。

売れるスタンプを作るには、絵のうまい下手よりも、実際に利用しやすいテーマを扱ったり、面白さやシュールさを狙うのがコツです。まずは、実際に売れている人気スタンプの研究をしてみるといいでしょう。

SIDE JOB

第 6 章

すき間時間・短時間で
できる副業

本業の仕事をしていると、なかなか副業のためにまとまった時間を
取ることが難しいことも多いでしょう。そんなときは、ちょっとした
すき間時間に稼げる副業をしてみるのはいかがでしょうか。この章
では、早朝や通勤時間など少しの時間でも稼げる副業を紹介しま
す。

▶076
空き時間の販売
すき間時間を売って稼ぐという発想

収入の目安	1時間500円前後		
始めやすさ	★★★★☆	時間帯	午前 午後 深夜
即金性	★★☆☆☆	勤務時間	30分〜
難易度	★★☆☆☆	勤務地	依頼者の指定した場所
必要スキル	時間管理、提供するサービスのスキル		
資格	提供するサービスによっては必要になるケースも		
始めるには	自分が人のために何ができるかを棚卸し→メニュー化→集客		

得意なことを活かして休日を有効活用する

「時間の切り売り」というと聞こえはあまり良くないかもしれませんが、自分の空いた時間を買ってもらうのは非常に有効な副業の手段といえます。

特に、本業の仕事が定時で終わる、休日が決まっているなど、勤務時間にイレギュラーの少ない業種の方に向いている副業です。

まず、提供できる技術や知識などのスキルをメニュー化し、「30分〇〇円」など明確な金額を提示しておきます。

例えば「パソコン教えます」とか「プロフィール写真撮ります」とか「翻訳します」「お片付け手伝います」など、誰かに喜んでいただけるサービスを30分いくらの金額でやりますよ、という形で示すのです。

また、それと併せて提供可能な時間帯、曜日も記載しておきましょう。記載する場所はブログでもホームページでも構いませんが、アクセス数を増やさなければ集客につながりませんので、実際に売れるようになるまでには時間がかかるでしょう。

そのあたりの時間と労力を短縮するために、空き時間販売の専門サイト（※）に登録しておくのも1つの方法です。

手数料は引かれますが、サイトそのものに人の流れがありますので、集客までの時間は短縮できます。

ただし、あなたが提供するサービスと同じものを提供するライバルも存在しますので、価格競争にならないようプロフィールを充実させて信頼度を上げておきましょう。

（※「タイムチケット」https://www.timeticket.jp/）

▶ 077

アンケートモニター

簡単な副業の代表格

収入の目安	1件3〜500円前後		
始めやすさ	★★★★★	時間帯	午前 午後 深夜
即金性	★★☆☆☆	勤務時間	30分〜
難易度	★☆☆☆☆	勤務地	自宅
似ている副業	ポイントサイト、商品モニター		
条件	アンケートによって回答できる年齢や性別が決まっていることも		
始めるには	アンケートモニター募集サイトに登録する		

単価は高くないが地道に稼げる

　Web サイトや郵送で届くアンケートに答えて報酬を得る仕事です。指定された会場に行き、ほかのモニターと座談会という形で対面で話し合うこともあります。

　アンケートモニターになるには、アンケートモニター募集サイトに登録する必要があります。募集サイトには様々な種類がありますが、答えたアンケートに応じて現金や商品券、現金に交換できるポイントなどを受け取ることができます。

　サイトによって名称は異なりますが、Web 上で回答するアンケートには、2種類があります。

　1つは「予備調査」。予備調査では、性別や居住地域など簡単なアンケートに答えます。所要時間も5分ほどと短く、手軽に始められますが、報酬は1回のアンケートで3〜5円ほどと決して高くはありません。予備調査でアンケートの参加条件を満たすと、2つ目の「本調査」に進みます。

　本調査では、企業の新商品に関するアンケートや現在使っているサービスなど、具体的な質問に答えます。本調査では 50 〜 500 円ほどの報酬を得ることができます。

　より高い報酬を目指すのであれば、座談会（グループインタビュー）に参加しましょう。10人ほどのモニターが会場に集められ、質問に答えていきます。5,000 〜 10,000 円ほどの報酬を得ることができ、効率的に稼ぐことができます。ただし、参加メンバーは抽選で選ばれることも多く、希望したからといって必ず参加できるものではありません。

　アンケートモニターは、1件ごとの報酬の単価が高くはないため、複数の募集サイトに登録することが収入アップの鍵です。

▶ 078

占い師

人気が出れば独立開業も目指せる

収入の目安	1回につき1,500〜3,000円		
始めやすさ	★★☆☆☆	時間帯	午前 午後 深夜
即金性	★★☆☆☆	勤務時間	1件30分〜1時間
難易度	★★★★☆	勤務地	自宅・勤務先
資格	必須ではないが、民間の資格もあり		
必要スキル	専門とする占いのノウハウ		
始めるには	占いの館などの求人に応募する		

景気に左右されない人気コンテンツ

　対面や電話、メールなどでお客様の運勢を占う仕事です。

　私たちは日々、朝の情報番組や雑誌のコーナー、書籍、最近ではスマートフォンのアプリなど、様々な媒体を通して占いに触れています。占いは景気の動向にも左右されず、常に一定の需要が見込める身近なコンテンツです。

　占い師になるのに、資格や学歴は関係ありません。また、霊感や超能力といったスピリチュアルな力が必要と思われがちですが、それも必須ではなく、むしろ大切なのは勉強と経験です。

　まずは手相や風水、四柱推命、星占い、タロットなど、興味のある占いの勉強をします。人によっては、有名な先生に弟子入りしたり、専門学校に通って勉強したりする人もいますが、いずれにしても確かな実力を身につけて占い師デビューを目指します。

　できるだけ早く占いの仕事を始めるには「占いの館」などの会社に非常勤の占い師として所属するといいでしょう。その後、占いの館の中か、ショッピングモールなどの占いスペースで仕事をします。1回の占いにかかる時間は30分程度で、料金は3,000〜5,000円が相場となっていますが、売上は会社と一定の割合で分け合います。

　ただし、占い師として人気が出てくれば独立も可能です。占いは原価がほとんどかかりませんから、場所の目途さえ立てば、仕事は成り立つでしょう。

　占いには対面で占う方法と、メールや電話を使って占う方法があります。メールや電話を使えば、自宅に居ながら占えますので、時間の都合がつけやすく、副業向きともいえます。

▶079 クラウドソーシング

自分の「得意」を求めている誰かから仕事を受ける

収入の目安	1件 10,000 〜 100,000円
始めやすさ	★★★☆☆
即金性	★★★☆☆
難易度	★★☆☆☆
匿名性	一部実名登録のサイトあり
必要スキル	受ける仕事に見合ったスキル
始めるには	クラウドソーシングに登録する

時間帯	午前 午後 深夜
勤務時間	1〜6時間
勤務地	自宅

スキル次第で安定収入も

　クラウドソーシングとは、仕事を依頼したい企業や個人と、仕事を受けたい人をつなぐマッチングサイトです。

　副業として仕事をしたい人からすれば、どんな仕事がいくらくらいの報酬で依頼されているのかを見ることができ、仕事を選びやいのがメリットです。また、条件が合う仕事があればそれに応募し、依頼者から選ばれれば仕事を受けることができます。

　クラウドソーシングの「クラウド」とは「群衆（crowd）」を意味し、「ソーシング」は「業務委託（sourcing）」を意味します。「クラウドワークス」「ランサーズ」「ココナラ」「シュフティ」といったサイトが多くの人に利用されていて、仕事の案件も豊富に掲載されています。本書で紹介している副業の多くも、こういったサイトから仕事を見つけることが可能です。クラウドソーシングはサイトによって、案件の種類などに特徴があります。まずはいくつかのサイトを比較してみるといいでしょう。

　クラウドソーシングで募集されている仕事の案件には、データ入力やテープ起こしといった単純なパソコン作業から、商品のネーミング、イラスト、デザインといった専門性が高いものまで、様々なものがあります。得意分野の仕事を見つけ、請け負うことができると、楽しみながら収入を得ることができるでしょう。

　また、本業や趣味のジャンルで専門的な知識があり、その知識を活かせる仕事があれば、単価の高い仕事を受けることができるかもしれません。

　クラウドソーシングの魅力は、「すき間時間に」「自宅で」「得意なことを」など条件に合う仕事を探せることです。その反面、応募者が多いと仕事の単価が下がる傾向もありますので、副業に使える時間と労力を精査した上で、受けるかどうか見極めましょう。

197

▶080

シェアビジネス

人気につき、市場規模拡大中

収入の目安	1件100～50,000円程度
始めやすさ	★★★★☆
即金性	★★★☆☆
難易度	★★☆☆☆
必要設備	シェアをする物やスキル
似ている副業	民泊、駐車場貸し、カーシェアリング
始めるには	シェアしたい物に応じたサイトに登録する

時間帯	午前　午後　深夜
勤務時間	1～2時間
勤務地	自宅

スキル次第で安定収入も

　クラウドソーシングとは、仕事を依頼したい企業や個人と、仕事を受けたい人をつなぐマッチングサイトです。

　副業として仕事をしたい人からすれば、どんな仕事がいくらくらいの報酬で依頼されているのかを見ることができ、仕事を選びやいのがメリットです。また、条件が合う仕事があればそれに応募し、依頼者から選ばれれば仕事を受けることができます。

　クラウドソーシングの「クラウド」とは「群衆（crowd）」を意味し、「ソーシング」は「業務委託（sourcing）」を意味します。「クラウドワークス」「ランサーズ」「ココナラ」「シュフティ」といったサイトが多くの人に利用されていて、仕事の案件も豊富に掲載されています。本書で紹介している副業の多くも、こういったサイトから仕事を見つけることが可能です。クラウドソーシングはサイトによって、案件の種類などに特徴があります。まずはいくつかのサイトを比較してみるといいでしょう。

　クラウドソーシングで募集されている仕事の案件には、データ入力やテープ起こしといった単純なパソコン作業から、商品のネーミング、イラスト、デザインといった専門性が高いものまで、様々なものがあります。得意分野の仕事を見つけ、請け負うことができると、楽しみながら収入を得ることができるでしょう。

　また、本業や趣味のジャンルで専門的な知識があり、その知識を活かせる仕事があれば、単価の高い仕事を受けることができるかもしれません。

　クラウドソーシングの魅力は、「すき間時間に」「自宅で」「得意なことを」など条件に合う仕事を探せることです。その反面、応募者が多いと仕事の単価が下がる傾向もありますので、副業に使える時間と労力を精査した上で、受けるかどうか見極めましょう。

▶ 080

シェアビジネス

人気につき、市場規模拡大中

収入の目安	1件100〜50,000円程度		
始めやすさ	★★★★☆	時間帯	午前 午後 深夜
即金性	★★★☆☆	勤務時間	1〜2時間
難易度	★★☆☆☆	勤務地	自宅
必要設備	シェアをする物やスキル		
似ている副業	民泊、駐車場貸し、カーシェアリング		
始めるには	シェアしたい物に応じたサイトに登録する		

労働時間が短いことが特徴

　自動車や部屋、駐車場などの物件、その他物品などを人に貸し出して報酬を得る仕事です。

　数年前まで、モノや場所のレンタルといえばレンタル DVD のように、企業から個人が借りることが当たり前でしたが、今では個人間での貸し借りを支援するサービスやアプリが数多くリリースされています。

　シェアビジネスと一口にいっても駐車場、自動車、部屋といった物や場所を貸し出すものから、家事や観光ガイド、知識やノウハウといったスキルを貸し出すものまで幅広い種類があります。まずは自分が持っている物や知識の中からシェアビジネスとして人に貸し出せそうなものがないか、リストアップしてみましょう。

　なお、得られる収入は貸し出すものによって変動します。例えば、自動車を貸し出す「カーシェアリング」も自動車の車種や年式によって、料金が変動します。副業として欲しい収入と貸し出す物のバランスを考えた上で始めましょう。

　ちなみに、家事やコンサルティングのように時間単位で知識提供をするシェアビジネスであれば、実際の労働時間と現地までの移動時間が必要になりますし、物を貸し出すのであれば、貸し借りに必要な時間と返却された物を清掃したり、メンテナンスしたりする時間も労働時間となります。そのあたりの時間的コストを見落としがちですので注意しましょう。

　シェアビジネスを始めるには、専用のサイトに登録する必要があります。シェアする物やスキルによってさまざまなサイトがあります。シェアをしたい物に適したサイトがないか、まずは検索してみましょう。登録後、依頼主が見つかればシェアビジネスの始まりです。

199

▶081
データ入力
作業の簡単さから常に人気の副業

収入の目安	5〜10文字1円		
始めやすさ	★★★★★	時間帯	午前 午後 深夜
即金性	★★★★☆	勤務時間	1〜4時間
難易度	★☆☆☆☆	勤務地	自宅
リスク	手や指の痛み、肩こりなどの不調		
必要スキル	基本的なパソコンスキル		
始めるには	マッチングサイトに登録する		

在宅でできる簡単なパソコン作業

　指定の文字や数値をパソコンのソフトで打ち込む仕事です。在宅でできることと、作業の簡単さから人気があります。

　手書き文字の PDF をパソコンで打ち直す、チラシの文字を打ち込む、体験談や感想などのアンケート内容を整理する、英語やほかの言語で書かれたものをカタカナで打ち直すなど、仕事の種類は豊富にあります。Word や Excel といった基本的なパソコンスキルが身についていれば問題なく仕事ができるでしょう。

　報酬ですが、時給制と出来高制があります。多いのは出来高制で、5〜10 文字の入力で 1 円程度が相場です。そうなると、タイピングの速度が速いほうが多く稼げることになります。ネット上にタイピングの速度を計測できる Web サイトがありますので、まずはそこで自分のタイピング速度を把握しましょう。そうして案件ごとの報酬が時給に換算するといくらになるのか、どの程度の単価であれば、仕事を請けるに値するのかを見極めていきましょう。

　なお、仕事には必ず納期が決められています。すき間時間にできる簡単な作業とはいえ、納期は必ず守らなければなりません。

　タイピングは日本語の場合、ローマ字入力よりカナ入力のほうが速いともいわれています。もちろん慣れているほうで取り組んだほうがいいのですが、こうしたことも念頭に置いておくといいでしょう。

　データ入力の仕事を請けるには、クラウドソーシングなどのマッチングサイトに登録し、企業からの依頼に応募します。長時間パソコンに向き合い、文字入力をし続けることが苦痛でなければ向いている仕事といえるかもしれませんが、集中力が切れたり、手や指に痛みを感じたりすることも多く、長時間続けての作業は想像以上に大変です。無理のない範囲で仕事を請けるようにしましょう。

201

▶082 ポイントサイト

場所も時間も選ばない簡単副業

収入の目安	1ポイント1円前後		
始めやすさ	★★★★★	時間帯	午前 午後 深夜
即金性	★☆☆☆☆	勤務時間	1〜4時間
難易度	★☆☆☆☆	勤務地	自宅
必要設備	パソコン、スマートフォン		
必要準備	メールアドレスを取得しておく		
始めるには	ポイントサイトに登録する		

クリックするだけでお金が稼げる

　ポイントサイトとは、サイト内の広告をクリックしたり、メールを受信したりすることで、ポイントを集めることができる Web サイトのことです。集めたポイントは現金などに交換することができます。空いた時間を利用して簡単にお小遣い稼ぎができるため、主婦やサラリーマンを中心に人気がある副業の1つです。

　具体的にはポイントサイトから送られてくるメールに表示される広告をクリックしたり、簡単なゲームをしたりすることでポイントが貯まる仕組みなのですが、それだけではなかなかポイントは増えません。

　より多くのポイントを貯めるには、ポイントサイトを経由してクレジットカードの申し込みをしたり、何らかの Web サイトの会員登録などをしたりする必要があります。

　なお、サイトによってレートは異なりますが、貯まったポイントは10ポイントで1円分など、現金や商品券、ウェブマネーに交換することができます。

　ただし、一部悪質なサイトもあり、注意が必用です。

　例えば「10件のサイトに登録すれば1万円」と謳っているのに、実際に登録を進めると3件までは登録無料、続く6件は有料、最後の1件はエラー表示となり登録できない仕組みになっていたり、現金に交換できるポイントが5万ポイントからで、実際には5万ポイント貯めることができないようになっていたりするなど、トラブルも多数発生しています。

　ポイントサイトは300サイト以上あるともいわれ、簡単さや手軽さが人気の理由ですが、実際に稼げる金額はそれほど多くなく、ひと月に3,000円ほど稼げればいいといわれています。そうした特性を念頭に、甘い話には裏があると知った上で利用しましょう。

▶083 モーニングコール

出勤前の時間を有効活用

収入の目安	1件100円前後
始めやすさ	★★★★★
即金性	★★☆☆☆
難易度	★☆☆☆☆

時間帯	午前 午後 深夜
勤務時間	1〜4時間
勤務地	自宅

求人の特徴	離職率が低く、募集が常にあるわけではない
必要設備	電話時に雑音が入らない静かな環境
始めるには	モーニングコール会社の求人に応募する

電話1つあれば簡単に始められる

　朝早く起きなくてはいけない人や自力で起きるのが苦手な人に電話を
かけ、起こしてあげる仕事です。

　朝5〜9時の間の指定された時間に電話をかけます。出勤前にできる、
電話があればできる、仕事の内容が簡単など魅力的なポイントが多いた
め人気の高い副業です。

　また、モーニングコール会社によっては、携帯電話を支給してくれる
こともありますので、始めるために必要なものが何もない、というケース
もあります。

　仕事を始めるには、モーニングコール会社の求人情報に応募します。
履歴書や電話での面接を通過すると、採用となります。資格や学歴は
必要ありませんが、女性の求人が多いようです。

　収入は歩合制で決まります。1件のモーニングコールは100円前後が
相場。それを1日10〜20件ほどこなします。1日10件のモーニングコー
ルでも1週間のうち5日働くと、1ヶ月で2万円ほどの収入になります。

　モーニングコールの依頼は、前日までにメールで届き、氏名と電話番
号、起こしてほしい時間帯などが知らされます。前日はしっかりと睡眠を
取り、確実に起きて電話ができるように準備しましょう。また、前のク
ライアントへの電話が長引いて次のクライアントに電話ができない、と
いった事態を防ぐために、クライアント同士の電話間隔は5〜10分ほど
空けられています。

　なお、モーニングコール会社によっては起こす際のセリフが指定され
ている場合と、指定がなく各人に任せられている場合とがあります。

205

SIDE JOB

第 7 章

元手0円でできる副業

資格もスキルも知識もない。そんなときは、ご自身が所有している
モノや土地、そして自分自身の身体といった資産を見直してみま
しょう。もともと持っているものを利用する副業は、元手がかからず
リスクや出費を最低限に抑えて始めることができます。

▶ 084
カーシェアリング

自動車に働いてもらって収入を得る

収入の目安	1日3,000〜10,000円		
始めやすさ	★★★★☆	時間帯	午前 午後 深夜
即金性	★★★☆☆	勤務時間	制限なし
難易度	★★☆☆☆	勤務地	自宅
リスク	借り手が事故を起こす、車内が汚れるなど		
似ている副業	駐車場貸し、民泊		
始めるには	カーシェアリングサービスに自動車を登録する		

人気車種や地域によっては高収入が期待できる

　自動車が好きなのに、平日は電車で通勤しているために休日しか自動車に乗れない。そんな人も多いのではないでしょうか。そんな自動車好きの方にぴったりの副業がカーシェアリングです。

　カーシェアリングとは、自分の自動車を他人に貸し出す副業です。かつてカーシェアリングといえば、レンタカーのように企業が個人に車を貸し出すサービスでしたが、近年では個人が個人に貸し出せるようになりました。

　カーシェアリングの始め方は簡単です。「エニカ」「カフォレ」「グリーンポット」などのカーシェアリングサービスの Web サイトに自動車オーナーとして登録をします。その後、貸し出し価格や条件を決め、借り手があらわれるのを待ちます。借り手からリクエストがきたら条件に合うかを確認し、自動車の受け渡し方法などを決めます。貸し出す当日は、借り手と約束の場所で会い、自動車を貸し出します。利用料金は、後日銀行口座へと入金されます。もちろん借り手は保険に加入する義務があるため、万が一の事態にも対応できます。

　自動車は所有しているだけでも車検や駐車場代など、費用がかかります。そんな自動車が勝手にお金を生み出してくれるとなれば、挑戦してみる価値はありそうです。ただし、車種や居住地域によって価格設定も需要も大きく変わります。基本的にオーナーが車の貸し出し価格を決めるのですが、車種に見合った価格設定が必要になります。人気の輸入車やファミリー層向けのミニバンなどは、郊外でも高めの設定が可能でしょうし、逆に駅近や都心などのエリアではコンパクトカーの需要も見込めるでしょう。

▶085
健康食品モニター

お金をもらって健康に？

収入の目安	10,000 〜 100,000 円		
始めやすさ	★ ★ ★ ☆ ☆	時間帯	午前 午後 深夜
即金性	★ ★ ★ ☆ ☆	勤務時間	0.5 〜 10時間
難易度	★ ★ ★ ★ ☆	勤務地	自宅・勤務先
期間	内容により1日〜6カ月まで異なる		
似ている副業	治験モニター		
始めるには	募集サイトに登録する		

話題の食品の効き目を試す

「脂肪の燃焼に効く」「腰痛や膝の痛みに効果あり」「血糖値の上昇を抑える」など、健康にいいと謳われる健康食品。健康食品モニターは、そんな健康食品を実際に口にし、身体にどのような変化があったかをメーカーに報告する仕事です。

似ている副業として P.216 で紹介する「治験モニター」がありますが、健康食品モニターは薬ではなく、食品を試すため「薬はちょっと……」と抵抗のある人でも始めやすい副業です。

健康食品は、発売前に臨床試験を行う必要があり、実際に治験者が飲食し、血圧や血糖値などの数値にどのような変化があるのかを実測しなければなりません。健康食品モニターは、こうした健康食品が市場に出るための大切な仕事なのです。

健康食品モニターは、薬物や食物アレルギーがなく、治療中の病気がない健康な人であれば誰でも参加できますが、試験の内容によっては、BMI や喫煙の有無などが条件になることもあります。

試験が始まると指定された食品を一定期間食べ、定期的に医療機関で検査を受けます。また、試験期間中には身体の調子、異変などに関するアンケートにも答えます。食事や運動内容を記入する日誌を書くこともあります。

こうした試験の実施期間は1日だけの短いものから1〜6カ月に及ぶ長期のものまで、その内容により様々です。

健康食品モニターは募集サイトに登録をすることで始められますが、事前に決められた検診の日に病院で検査を受け、定められた条件をクリアしなければなりません。とはいえ、事前検診を受けることで健康状態を把握することもでき、報酬も得られるため、一石二鳥の副業といえるでしょう。

▶086 主催業

講師を招いてセミナーやイベントを開催して収入を得る

収入の目安	1回開催数万〜数十万円
始めやすさ	★★★☆☆
即金性	★★★☆☆
難易度	★★★★☆
法律	開催するイベントの内容によっては許認可の必要なものも
必要スキル	集客力と講師の人たちとの人脈構築
始めるには	講師などの人たちと人脈構築→開催準備・集客→開催

時間帯	午前 午後 深夜
勤務時間	2〜5時間
勤務地	セミナー会場、イベント会場

人を集めることさえできれば、可能性は無限大

　自分に特別なスキルがなくても、人を集めれば実施できるのが主催業の魅力です。

　セミナーやワークショップ、イベントなど、自分に特別な知識やスキルがなくても、外部講師を招いてくることで開催が実現できます。ただし、定期的に開催するにはそれなりの集客力、また講演してくれる人やワークショップができる専門職の人との人脈を構築する力が問われます。さらに、流行や人気のテーマなどにも敏感であるほうが旬のイベントを開催できるので成功確率は上がります。

　いかにして講師となる人との人脈を作るかですが、最初は地元の異業種交流会や、朝活イベントなどに参加してその会の主催者と知り合うところから始めるといいでしょう。ひとりふたりとつながりができると、あとはそのまた知り合いといった感じで人脈は広がっていきます。

　実際に講師を招いて開催することになったら、事前に講師料の相談をしておかなければなりません。ここで遠慮して講師に謝礼を払い過ぎ、終わってみたら手元には利益があまり残らなかったというミスをする方も多いので気をつけましょう。

　もちろん講師によって支払うべき金額が違いますので一概に「いくらで」とここに記載はできませんが、パターンとしては主に次の2つです。

　1）「何人集客しようが一律いくら」と金額を決める：集客人数によっては大黒字にも大赤字にもなる。

　2）実際の利益を折半する（もしくは6：4など割合を決める）：大赤字になる心配はありませんが、集客不足だと講師がタダ働きになる可能性もあります。

　いずれにしても、しっかり集客努力をして、あなたも講師もお客様も嬉しいイベントを開催するよう心がけましょう。

▶087
商品モニター
試した感想が商品に活かされる

収入の目安	企業によって異なる		
始めやすさ	★★★★☆	時間帯	午前 午後 深夜
即金性	★★☆☆☆	勤務時間	1件30分〜1時間
難易度	★☆☆☆☆	勤務地	自宅
リスク	謝礼が商品そのものの場合も		
似ている副業	アンケートモニター		
始めるには	仲介サイトに登録する		

最新の商品を体験できるのが魅力

　企業の商品を無料、もしくは割引価格で受け取って、実際に使ってみた感想を企業にフィードバックする仕事です。

　最新の商品を使用できるので、新しいもの好きな人には嬉しい副業かもしれませんね。企業の製品開発の現場では、常にこうした消費者の生の声が多数反映されていて、商品がより良いものへと改良されていきます。

　モニタリングされる商品には、飲食品、化粧品、ファッション関連など様々なジャンルのものがあり、気に入ったもの、試してみたいものがあれば商品モニターに応募します。抽選で当落が決まるケースが多いので、必ずしも希望の商品をモニタリングできるとは限りません。

　商品モニターは企業が自社サイトで募集していることもありますが、多くは仲介するWebサイトで募集されています。仲介サイトでは、商品のジャンルごとにカテゴリー分けされていますので、好きな商品を探しやすくなっています。

　実際にモニタリングした後は、その感想を企業に送ります。多くの場合、アンケート形式となっています。中にはブログやSNSに感想を投稿するよう指示される場合もあります。

　商品モニターの収入は、企業からの謝礼です。謝礼は企業によって異なり、現金や商品券で支払われることもあれば、商品自体を無料か格安で手に入れられること自体が報酬となる場合もあります。

215

▶088

治験モニター

入院生活も慣れれば快適?

収入の目安	50,000 ～数十万円		
始めやすさ	★★☆☆☆	時間帯	午前 午後 深夜
即金性	★★★★☆	勤務時間	3日～数週間
難易度	★★★☆☆	勤務地	病院
リスク	医薬品の副作用		
必要資格	特定の年齢や健康状態の人のみを募集することも		
始めるには	医療機関やモニター募集サイトから求人に応募する		

薬の効果を体で確かめる

　メーカーが医薬品や医療機器を製造・販売するには、効き目や安全性などについて法的承認を得る必要があります。

　治験モニターは主に開発中の薬が身体にどのような影響を与えるのかを調べるために、薬の投与を受け、データ収集に協力する仕事です。

　治験モニターは治験参加に伴う身体的、精神的な負担を軽減するための費用「負担軽減費」を受け取ることができ、これが報酬となります。金額は治験の内容によっても異なりますが、入院する日数と報酬額が比例します。短いものであれば、2泊3日で6〜8万円、中には30泊31日で50〜60万円というものもあります。

　治験モニターを始めるには、医療機関やモニター募集サイトから応募します。その後、指定された通院日や治験の内容の説明を受けるのですが、ここで同意すれば誰でも参加できるというわけではありません。指定された病院で健康診断を受け、健康上の問題がなければ治験に参加できることになります。

　入院期間中は一切の外出が禁止され、投薬を受け、食事をし、寝るだけの生活が続きます。ただ、医療機関によっては院内の設備にジムが備えられていることがあり、運動をすることができる場合もあります。スマートフォンやパソコンを持ち込むことができるケースもありますので、そうなると退屈することは少ないでしょう。

　もちろん治験モニターにもデメリットはあります。薬の副作用というリスクです。

　副作用は薬の開発の上では避けられないことでもあります。入院中は毎日問診が行われますので、少しでも異変を感じたら医師に相談しましょう。

▶ 089

駐車場貸し

勝手に利益を生み出してくれる

収入の目安	1台1日あたり500 〜 2,000円程度		
始めやすさ	★☆☆☆☆	時間帯	午前 午後 深夜
即金性	★★☆☆☆	勤務時間	なし
難易度	★★★★☆	勤務地	自宅
似ている副業	シェアビジネス		
必要設備	駐車場として利用できる土地		
始めるには	マッチングサイトに登録する		

集客に便利な土地が有利

　使っていない土地や自宅敷地内の空きスペースなどを時間貸し（または1日貸し）駐車場として貸し出し、駐車料金をいただく仕事です。

　具体的には自宅のガレージを活用したり、自宅以外に所有している空き地があればそこを貸し出したりします。また、所有している月極駐車場の未契約スペースを活用するケースもあります。

　借り主を自分で探して、個人間で契約することもできますが、よほどの行動力や告知力がなければそれは難しいでしょう。

　手っ取り早い方法としては、駐車場を探している人と駐車場を貸したい人のマッチングサイトを利用することです。費用をかけずに借り主を探すことができます。

　始めるためには、当然ですが土地を持っていることが大前提で、さらにその土地がイベント施設や商業施設、自動車を利用するサラリーマンや学生が多いエリアにあれば需要が高くなります。

　集客を左右する最大のポイントは立地です。例えば、所有している土地が都会であれば放っておいても利用されることが多いですし、料金も高めに設定することが可能です。

　特に駐車場が少なく、自動車の利用が見込めるエリアは最適です。地方ではイベント会場周辺などの少しでも駐車場代が高いエリアが理想です。とはいえ、自分で持っている土地を移動させるわけには行きませんので、今ある場所をいかに活用できるかを考えましょう。そのためには、周辺駐車場の料金をリサーチすることも欠かせません。

　利便性、金額の優位性など、様々な面をアピールし、リピートしてもらえる駐車場を作りましょう。

219

▶ 090

ドロップシッピング

在庫管理、発送作業不要のネットショップ

収入の目安	売上金−卸値		
始めやすさ	★★★★☆	時間帯	午前 午後 深夜
即金性	★★☆☆☆	勤務時間	1〜4時間
難易度	★★★☆☆	勤務地	自宅
似ている副業	ネットオークション、アフェリエイト		
関係業者	ドロップシッピング仲介業者		
始めるには	ドロップシッピングの仲介サービスに登録する		

自分で商品の価格を決められる

　ドロップシッピングの流れは、まず Web サイトやブログを作成し、商品を紹介することから始まります。その記事を見たお客様が商品を購入すれば、ドロップシッピング会社が代金と引き換えに商品を発送します。そのため、商品を販売する仕事でありながら、仕入れや在庫管理などをする必要がなく、入金管理や商品発送も必要がないため、気軽に始められる副業の1つです。

　報酬は売上から卸価格を引いた金額をドロップシッピング会社より受け取ります。例えば、卸値 500 円の商品を自分のサイトで 1,000 円で売ることができれば、500 円の差額が報酬となるわけです。

　アフィリエイトと混同される方も多くいらっしゃるので、ここで両者の違いを説明しておきましょう。

　アフィリエイトは商品を紹介、販売した際に決まった金額の「紹介料」を報酬として配分してくれるのに対して、ドロップシッピングは商品の販売価格を自分で決めることができます。

　つまり、販売価格を高く設定しても、商品が売れればその分利益が増えるのです。得意なジャンルの商品を取り扱い、お客様が買いたくなるように説明文を工夫して価値を伝えることができれば、高収入も期待できるということですね。

　ドロップシッピングを始めるには、仲介をしているサービスサイトに登録をし、商品を選択、自分のサイトに HTML コードを貼り付けます。月収にして数十万円を稼ぐ人も多くいるようですが、始めたばかりのころはあまり商品が売れないというのがほとんどです。サイトのアクセス数など、様々な要因が考えられますが、Web サイトを訪れるお客様の層をしっかりと見極め、得意ジャンルで勝負するのが良いでしょう。

▶ 091
墓参り代行

忙しい人に代わって先祖供養

収入の目安	1回 5,000〜7,000円		
始めやすさ	★★★★☆	時間帯	午前　午後　深夜
即金性	★★★☆☆	勤務時間	1件1〜2時間
難易度	★★☆☆☆	勤務地	依頼先
繁忙期	3、8、9月		
リスク	移動に必要な交通費、時間によっては利益が減る		
始めるには	代行会社の求人に応募する		

丁寧な掃除を心がける

　依頼主の代わりにお墓参りやお墓の掃除をする仕事です。
「お墓参りは大切な先祖供養。代行なんてとんでもない！」という意見
もあるようですが、仕事の都合で遠方に住んでいてお墓参りに行けない、
高齢のため自力で行けない、小さな子どもがいるので行けないなど、
様々な事情でお墓参りができない人にとっては非常に重宝されている
サービスです。

　墓参り代行を請け負う会社の求人に応募することで、墓参り代行の仕
事は始められます。お盆やお彼岸といった時期には需要が高まり、多数
の代行依頼案件が入ります。

　仕事は、移動時間を除くと1〜2時間で、草むしりや墓石の掃除、お
花の交換、お線香をあげるなどひと通りの作業を行います。代行会社に
よって報酬の金額が異なりますが、1件につき5,000〜7,000円ほどが相
場です。自宅から近いお墓であれば、移動時間も短く済みますので、報
酬はほかの副業と比べても割高といえるでしょう。

　墓参り代行は自分の家庭のお墓参りと同様に、丁寧な仕事を心がけ
なければなりません。依頼者にとって親族が眠るお墓は、とても大切な
ものです。掃除が行き届いていなかったり、万が一お墓に傷が付くよう
なことがあったりすると、クレームにつながりかねません。作業は毎回
変わらないため、効率化を意識して回数を重ねるにつれ、作業スピード
も早くなっていきますが、どんなときでも常に気を緩めず、最良の仕事を
心がけることが大切です。

▶ 092

便利屋

とにかく人の役に立つために奮闘する

収入の目安	日給1,000 〜 15,000円		
始めやすさ	★★★★☆	時間帯	午前 午後 深夜
即金性	★★★★☆	勤務時間	1〜8時間
難易度	★★★☆☆	勤務地	依頼先
資格	大型免許などがあれば優遇		
似ている副業	運転代行、ポスティング、レンタル友人		
始めるには	求人誌や求人サイトから求人に応募する		

自分でやるには面倒な仕事を代わりに請け負う

　その名の通り、依頼主からの様々な依頼に"便利に"応える仕事です。

　依頼内容は、ゴミ捨てや草むしりといった掃除から害虫駆除、ペットの世話、家電の取り付け、家具の組み立て、洗車、インターネットの接続など、様々なお困りごとを解消するもので、そのほとんどは、「自分でできるけれども面倒だからやらないこと」でもあります。そのため、専門性を強く求めていないものが多いのが特徴です。

　例えば自動車に関する依頼では、車両の不調などは専門業者に依頼するが、洗車といった簡単だけれども面倒なことは便利屋に頼むといった具合です。いずれにしても「掃除」や「行列に並ぶ」など、時間と手間がかかることを依頼されるものだと認識した上で始めましょう。

　とはいえ、便利屋が副業に向いているといえるのは、特別な知識や設備を揃えなくてもできることが多く、始めるハードルが低いためです。

　もちろん便利屋は個人で始めることもできるのですが、1人で集客して仕事の依頼を受けるのは難しいため、まずは便利屋の会社の求人に応募しましょう。平日会社で勤めているサラリーマンであれば、土日のスタッフとして登録します。ただし、働く時間帯は依頼主からの依頼によりますので、フルタイムでしっかりと稼ぎたくても、そうした依頼がない限り難しいこともあります。そういう意味では、収入を自分でコントロールしにくい副業といえます。

　便利屋での仕事が身につけば、独立することも可能です。その際は、一定のお客さまを確保できるよう、信頼して下さる依頼主をある程度獲得しておくことや、大がかりな依頼に対応するため同業者との連携体制を整えておきましょう。

▶093

レンタル友人

普段の自分と違う人を演じる

収入の目安	1件 5,000〜10,000円		
始めやすさ	★★★★☆	時間帯	午前 午後 深夜
即金性	★★☆☆☆	勤務時間	1〜8時間
難易度	★★☆☆☆	勤務地	依頼先
必要スキル	結婚式に出席する場合などは基本的なマナー		
リスク	本業の同僚に顔バレする可能性		
始めるには	レンタル友人仲介サイトに登録する		

依頼主のニーズに最大限応える

　家族、友人、恋人など依頼主の希望に沿った役柄を演じる仕事です。演劇の経験者などは楽しみながら収入を得られるのではないでしょうか。

　実はこのレンタル友人、友人という役柄以外にも様々なシーンで利用されています。

　例えば、なんらかの事情で親族が冠婚葬祭に参加できない場合、その親族の代役として参加してもらう、といったケースなどです。特に結婚式では「相手の家の親族と自分の親族の人数があまりにも違って都合が悪い」といった場合にレンタル家族を利用されるケースがあります。また、友人として式に参加したり、余興をして式を盛り上げたりすることもあります。

　恋人役なら1日恋人になりきってデートをしたり、ストーカー対策のために依頼主の恋人になりきるということもあるかもしれません。

　また、最近ではSNSでの発信に熱心な人も多く、友達を多く見せたいがために、友人役として一緒に写真に写ってほしいという依頼もあります。

　これらのレンタル友人・家族は、レンタル友人のサービスを提供する会社に登録をし、依頼がかかると仕事ができます。演技力や判断力が求められますが、普段の生活では得られない刺激を受けることができるでしょう。

　ちなみに近年話題になっている「おっさんレンタル」というサービスでは、演技なしの素の「おっさん」として依頼主の話し相手になったり、便利屋のような仕事を請け負うこともあります。

SIDE JOB

第 8 章

趣味にもなる副業

収入を追い求めるだけが副業ではありません。やりたくない副業を
無理して続けるぐらいなら、「お金稼ぎ」のためというより、楽しくて
「趣味にもなる」副業をやってみませんか？　この章では、そんな
収入よりも楽しさを重視した副業を紹介します。

▶ 094
エキストラ

憧れの業界で働けるチャンス!

収入の目安	1回 3,000 〜 10,000 円		
始めやすさ	★★★★☆	時間帯	午前 午後 深夜
即金性	★★★☆☆	勤務時間	4〜12時間
難易度	★★★☆☆	勤務地	撮影現場
条件	作品により年齢、容姿などの条件がある場合も		
似ている副業	テレビ番組観覧		
始めるには	派遣会社に登録する		

普段と違う自分を演じる

エキストラは、ドラマや映画、CMのワンシーンに通行人や周囲で会話をしている人の役として出演する仕事です。

セリフはなくとも、憧れの俳優を近くで見られるかもしれないという楽しみがあります。ただし、背中だけしか見られない、出演シーンが違って見られないということもありますから、過度に期待しすぎない方がいいでしょう。

テレビや映画などを見ることが好きな人ならば、楽しみながら取り組める副業ともいえます。

エキストラの仕事は、俳優の事務所に所属していないと知ることができない求人もありますが、インターネットの求人サイトで募集されるものもあります。

また、多くのエキストラが登録している派遣会社もあり、会社によって異なりますが、登録説明会へ出席した上で面談を受け、合格したら仕事を始めることができる場合もあります。

エキストラは3歳から80歳ほどまで多様な年齢で募集されていて、各社のサイト上では、所属エキストラが出演した映画やドラマの実績、登録までに必要なステップなども見られるので、調べてみるといいでしょう。

エキストラの報酬は、1回あたり3,000～10,000円以上となっており、拘束時間や出演役によって異なります。高額の案件では、拘束時間が長く、ほぼ1日撮影が続くこともあります。

このようにエキストラの仕事は、決して高額を稼げるわけではなく、安定した副業ともいえません。

エキストラの副業で高収入を狙うのであれば、少しでも多くの仕事を得られるように複数のエキストラ事務所に登録しておくといいでしょう。

▶ 095
カフェ1日オーナー

憧れのカフェ経営を体験

収入の目安	売上から経費を引いた金額		
始めやすさ	★★☆☆☆	時間帯	午前 午後 深夜
即金性	★★★☆☆	勤務時間	4〜8時間
難易度	★★★★☆	勤務地	カフェ
資格	食品衛生責任者		
必要スキル	調理スキル		
始めるには	レンタルカフェを借りる		

副業でカフェ経営を学べる

　カフェの店舗や設備を借りて、月に1〜数日のカフェ経営をする仕事です。レンタルしてくれるカフェの貸主が決めた規定から逸脱しなければ、好きな飲み物や料理を提供できますし、内装や音楽にもこだわりを発揮することができます。

　実際に本業としてカフェをオープンするには様々な費用や、労力が必要となり、越えなければならないハードルも多いのですが、1日オーナーであれば設備を丸ごと借りられるため、簡単に憧れのカフェオーナーになることができます。

　最初は気の合う友人や家族を招待してみるのもいいですが、副業とはいえせっかくカフェを経営するわけですから、利益を出せるに越したことはありません。飲み物や料理の売上から材料費、水道光熱費、カフェのレンタル代、人を雇っていれば人件費といった必要経費を引いた金額が利益になります。

　副業だからと価格を安く設定してしまうと、手間に見合う利益を得られないどころか、赤字にもなりかねません。飲食物以外に雑貨なども販売すると売上アップを見込めるかもしれませんが、雑貨にも仕入れコストがかかるので気をつけましょう。

　また、忘れてはならないのが集客です。せっかくカフェを借りてもお客様がいないのでは寂しすぎます。どのような方法で集客するのかもしっかり考えなければなりません。

　こうした利益と売上の関係や集客を肌で学ぶことは、独立を考えている人にとって良い勉強となるでしょう。

　なお、知り合いや家族だけでなく一般のお客様に料理を提供する場合には、食品衛生責任者の資格が必要になる場合があります。取得方法は事前に調べておきましょう。

▶ 096

クラフト製作

手作りの味、世界で唯一無二がステイタス

収入の目安	1作品数千〜数万円		
始めやすさ	★★★☆☆	時間帯	午前　午後　深夜
即金性	★★☆☆☆	勤務時間	1時間〜2時間
難易度	★★★☆☆	勤務地	自宅もしくはレンタルスペース
必要スキル	モノ作りの技術		
道具	モノ作りに必要な道具		
始めるには	作品製作→ネットショップや店舗で販売		

売れるまで時間はかかるが、人気になると高収入も

　作品を手作りして販売することで収入を得る副業です。クラフトという言葉には様々な意味が含まれますが、ペーパークラフト、ワイヤークラフトといったものから、工芸品、民芸品といったものまで指す言葉でもあります。広い意味では陶磁器や木工品、染織物などもクラフトといえます。とにかく、あなたが作ってみたいものを作って販売をすることで、副収入を目指してみましょう。

　作品を作る腕に関しては、磨けるだけ磨いてより良いものを作れるに越したことはありません。しかし、腕を極めることばかりを考えていては、いつまで経っても販売に踏み切れません。むしろ完成度よりも個性を出す方がいいでしょう。腕のいい人はいくらでもいますので、そこを目指すのではなく自分らしさで勝負するのです。例えばシャガールとゴッホを比べて、どちらの方が絵がうまいか？　と考える人はいないでしょう。むしろ好みで選ばれるはずです。クラフトもそういう世界です。腕を磨く努力もしつつ、販売もスタートしていきましょう。

　売れ行きは、作品がひとりでも多くの人の目に触れられるかどうかで変わってきます。10人に見てもらうより100人に、100人より1000人に見てもらえた方が売れるのは当然ですよね？　そういう意味で作品を出来る限りブログやSNSなどで露出させ、さらにハンドメイド専門の販売サイトや、レンタルスペース、個展など、Web・リアルともに人の流れのあるところにどんどん出していくようにしましょう。

　また、気を付けたいのは価格設定です。利益が出る設定にしておかなければ、売れるほど赤字になりかねません。例えば2,000円で売った作品を作るのに4時間かかっていたら、時給は500円になりますから、これでは利益も出ないわけです。逆に「あなたが欲しい時給×製作時間＋材料費」の計算で値付けをしておけば大丈夫ですね。

▶ 097

テレビ観覧

憧れの有名人に会えることも

収入の目安	1番組0〜3,000円		
始めやすさ	★★★★☆	時間帯	午前 午後 深夜
即金性	★★☆☆☆	勤務時間	4時間前後
難易度	★☆☆☆☆	勤務地	放送局など
リスク	交通費が収入を上回る場合がある		
条件	年齢制限がある場合も		
始めるには	テレビ局のWebサイトや募集サイトから応募する		

テレビ番組の収録が見られる

　テレビのバラエティ番組やクイズ番組などのスタジオ収録に観客として参加する仕事です。

　仕事の内容は難しいものではありません。客席に座り、収録の様子を見学します。途中、出演者が面白いことを言ったら大きな声で笑ったり、サプライズの演出があれば、「キャー」などと歓声を上げ、盛り上げます。こうした盛り上げ方は収録前に番組スタッフから合図や声の出し方についての指示がありますので、簡単にできるでしょう。

　こうした簡単な仕事内容、そしてテレビの収録に立ち会い、憧れのタレントに会えるといったメリットが人気の理由です。それゆえに、収入面はほとんど期待できません。

　通常、1時間のバラエティ番組を撮影するときには、その倍の2時間の収録時間が必要です。また、2回分をまとめて撮影することが多く、そうなると収録時間は4時間ほどになります。4時間の収録を観覧して得られる収入は良くて2,000円前後ですから、時給では500円に満たない場合も多々あります。

　さらに、スタジオまでの往復の交通費はほとんどの場合、支給されません。スタジオが遠方にある場合、それだけで赤字になることも当たり前です。

　深夜の収録や長時間の収録の場合には、報酬が若干高額になったり、弁当が支給されたりすることもありますが、収入面には期待しないほうがいいでしょう。

　普段自分が観ているテレビ番組がどのように作られているのか、好きなタレントの仕事姿など、収入面はともかく―視聴者の延長として楽しむことがこの副業のポイントです。

▶ 098

ネイルモデル

きれいな爪は高収入

収入の目安	時給1,000円～日給10,000円		
始めやすさ	★☆☆☆☆	時間帯	午前　午後　深夜
即金性	★★☆☆☆	勤務時間	1～3時間
難易度	★★★★☆	勤務地	勤務先
条件	爪の長さなど指定がある場合も		
求められること	爪のケア、常識的な服装・振る舞い		
始めるには	ネイルモデルの募集サイトに登録する		

お金をもらえて爪まできれいになる

　ネイリストがコンテストや資格試験で技術を披露するための爪専門の
モデルです。

　以前は、ネイリストが直接家族や友人にネイルモデルを依頼していた
こともあったようですが、爪のケアやスケジュールの調整などが難しく、
今では謝礼を払ってネイルモデルに依頼することが増えています。爪や
指がきれいと褒められたことがある人には向いているかもしれません。

　ネイルモデルを始めるには、ネイルモデルの募集サイトに登録をしま
す。多くはコンテストや資格試験直前の練習のためにモデルの依頼が入
ります。この場合の謝礼は通常、時給1,000円程度です。しかし、爪の
ピンクの部分が1.5cm以上あるなど、爪の形や質が評価されれば、コ
ンテスト用のモデルとしても依頼がかかるようになります。

　コンテストでは、日給10,000～15,000円ほどの謝礼を受け取ることが
できるので、高収入も期待でき、とてもやりがいのある副業といえるで
しょう。

　また、爪がきれいになるうえにお金まで稼げるとなると、爪を気遣う
女性にとっては条件のいい副業となりますが、ネイルモデルにはモデル
として気をつけなければならないことも多々あります。

　日ごろの爪のケアに気を遣うことは当然ですが、特にコンテスト直前
は「爪が汚れる」「爪が欠ける」といったトラブルのないよう、一段と気
をつけなければなりません。

　また、コンテスト当日の服装や髪型は常識的なものにしなくてはなり
ませんし、コンテスト中の居眠りも、ネイリストの評価を下げることにつ
ながるため厳禁です。当然ですが、コンテストへの遅刻などは絶対にあ
ってはなりません。こうしたことにも気を配り、多くの依頼がかかるネイ
ルモデルを目指しましょう。

239

▶ 099

パズル作業

趣味を兼ねていれば天職

収入の目安	1ピース1円		
始めやすさ	★★★★☆	時間帯	午前 午後 深夜
即金性	★★☆☆☆	勤務時間	1〜24時間
難易度	★★★★☆	勤務地	自宅
注意事項	個人情報の扱い		
必要スキル	パズルの経験		
始めるには	ホームページやSNSで集客する		

依頼主の代わりにパズルを作る

　依頼主の代わりにジグソーパズルを仕上げる仕事です。ジグソーパズルが好きな人にとっては、天職ともいえるでしょう。

　買ったはいいものの、なかなか制作する時間が確保できずタンスに眠っているジグソーパズルや、途中まで制作して放置されてしまったジグソーパズルなどを、持ち主の代わりに制作し、納期までに仕上げます。「飾りたいけれど、作るのは面倒」といった需要に応える副業です。

　報酬は1ピース1円が一般的です。ジグソーパズルメーカーが公表している平均制作時間は、小さな100ピースのもので約1時間、新聞紙よりも大きな2000ピースで約24時間とされていますので、時給換算すると安すぎる労働のように思われます。しかし、パズル作業に取り組む人のほとんどがジグソーパズル制作を趣味にしている人で、趣味にかけるお金が浮き、逆に少しでもお金が入り、ストレス発散にもなる、これほど条件のいい副業はないと感じているそうです。

　パズル作業の仕事は、ホームページやブログを立ち上げたり、SNSでお客様を募集したりするなど、個人で集客するのが一般的です。過去のパズル制作の実績や、作成日数の目安、発送方法など、わかりやすく情報を発信し、信頼度を上げて集客につなげましょう。

　また、個人で仕事を請け負うのですから、料金体系も自分で決めることができます。特殊なピースや難易度が高いものは1ピース1.2～1.5円など料金を変えてもいいでしょう。

　このように趣味と実益を兼ねた楽しい副業ですが、作業中や郵送時のピース紛失、作品の破損などが起こらないよう細心の注意を払いましょう。また、パズルの発送のために住所や名前といった個人情報も扱うため、厳重な管理が必要です。

▶100 覆面調査員

割安でお得にサービスを受けられる楽しい副業

収入の目安	1件1,000～8,000円		
始めやすさ	★★★★☆	時間帯	午前 午後 深夜
即金性	★★☆☆☆	勤務時間	1件30分～1時間
難易度	★☆☆☆☆	勤務地	飲食店などの店舗
リスク	調査にかかる費用によっては儲けが出ないことも		
似ている副業	アンケートモニター、商品モニター		
始めるには	覆面調査員を派遣する会社に登録する		

お客様目線でサービスをチェック

　飲食店やサービス業のお店にお客様のふりをして赴き、サービスを受けた上で感想や良い点、改善点を報告する仕事です。「ミステリーショッパー」と呼ばれることもあります。

　覆面調査員は様々なお店を調査します。レストランや寿司屋、居酒屋といった飲食店やマッサージ店、美容室といったサービス業、カーディーラーや保険会社といった店舗まで様々なお店で活動しています。そのほとんどはチェーン店やフランチャイズ店ですが、そうしたお店では、本部の社員がお店に来ると普段以上に丁寧な接客、清掃を行うケースが見受けられます。そのため、そうではない平常時にもお客様に満足していただける接客ができているかを調べて欲しいという需要から生まれた仕事です。

　覆面調査員の仕事を始めるには、覆面調査員を派遣する会社に登録をします。募集は常にされていますので、「覆面調査員」「ミステリーショッパー」といったキーワードで検索すると見つかるでしょう。登録するためには、あなたの情報が必要になります。性別や年齢、既婚か未婚か、居住地域といったマーケティングに必要な情報です。

　登録後、紹介された案件の調査を実施しますが、場合によっては抽選になることもあります。サービスを受けたり、商品を試したりした後は、アンケートや報告書を提出することで報酬を受け取れます。

　ただし、ほとんどの場合、調査対象の店舗までの交通費や、商品・サービスそのものにかかる費用は自己負担です。つまり、それらにかかる費用と報酬に差がなければ利益は出ないということになります。稼げる副業というよりは、話題のお店や商品を割安で楽しめることがメリットといえるでしょう。

243

SIDE JOB

第 9 章

知っておきたい
副業の決まり

副業を始める前に、知っておきたい法律や税金の話があります。本
業の会社への申請や確定申告の知識を身につけ、無用なトラブルは
防げるようにしておきましょう。

副業を始める前に就業規則を確認する

SIDE JOB

本業の就業規則を確認して会社のルールを把握する

　厳密には、法律では副業を禁止していません。むしろ憲法では職業選択の自由が認められています。そのため、副業してもいいと捉えることができます。また、会社は従業員の私生活まで管理拘束する権利を持たないため、勤務時間外であれば別の仕事をしても良いという理屈にもなります。

　ただし、従業員が10名以上の会社であれば、必ず会社のルールを定めた「就業規則」というものがあります。この規則の中で事実上副業を禁止している会社がほとんどです。そしてその割合は8割に上るともいわれています。

　企業が副業を禁止する理由は様々ですが、主だったものとしては

❶ 過労になりうる

　怪我や体調不良につながりかねない

❷ 競合他社で働くことへの危惧

　機密漏洩につながりかねない

❸ 公序良俗に反する仕事

　本業のイメージダウンにつながりかねない

　など、本業に差し支えそうなことは基本的に禁止とされます。まずはあなたの会社の就業規則をチェックしてみましょう。

```
図表9　副業に対する法律と就業規則の考え方
```

法律	就業規則
● 副業を禁止していない ● 憲法で職業選択の自由が保障されている ● 会社は従業員の私生活まで管理拘束する権利を持たない	● ８割の企業で副業が禁止されている ● 過労や機密漏洩などのリスクがある ● 就業規則によっては、副業許可の申請により副業できる場合も

就業規則で副業が禁止されていると諦めるしかない？

　就業規則で副業が禁止されている場合でも、よく読んでみると「会社の承認を受けることなく」とか「会社の許可なく」という表現がされているケースも多々あります。これは逆に考えると「許可さえもらえば副業OK」とも解釈できます。そのため、たとえ副業が禁止されていたとしても、副業許可の申請を検討してもいいでしょう。副業の申請については次項で詳しくお伝えします。

本業の会社への申請方法

SIDE JOB

申請方法には申請書の提出と口頭申請がある

申請書を出す場合

可能であれば「副業許可」の申請をしましょう。申請書は会社が用意していることもありますが、決まったフォーマットがあるわけではありません。申請書の例は図表10を参照してください。

特に「副業を希望する理由や目的」は明確に記したほうがいいでしょう。「生活費の補填」といったやむを得ない事情や、「本業のスキルアップにつなげるため」など、本業にプラスとなる理由は許可されやすいでしょう。逆に「起業準備」といった理由などは会社への裏切り行為と捉えられかねませんので、おすすめできません。

口頭申請で済む場合

会社によっては口頭申請で済む場合もあるようです。ただし、副業の影響で本業に問題が発生したときに、トラブルになることも予想されます。面倒でも書面で許可をもらったほうがいいでしょう。

また、日本の会社では「ルール」よりも「空気」が重視されることも少なくありません。職場の和を乱す、という理由で申請を断られたり、正直に申請したばかりに、上司や同僚から疎まれたりすることも考えられます。申請をするか否かは就業規則に加えて、職場の空気もよく見て判断するようにしましょう。

図表10　兼業許可申請書の例

兼 業 許 可 申 請 書

平成　　年　　月　　日

所　属 _____

社員番号 _____

氏　名 _____ ㊞

以下の通り兼業を申請します。なお、兼業により本業に支障をきたすことなく勤務することを誓約します。

兼業先	会 社 名	
	所 在 地	
	電　　話	
	業務内容	
	雇用形態	
	勤務期間	年　　月　　日～　　年　　月　　日
	労働日数	曜日（月、火、水、木、金、土、日） 週（　　回）、一ヶ月（約　　日）
	勤務時間	時　　分～　　時　　　分
申請理由		

「副業先の名称や所在地、連絡先」「業務内容や勤務時間」「副業を希望する理由や目的」などは最低限記入しましょう。

249

会社に無申請で副業をした場合に想定されるトラブル

SIDE JOB

最悪の場合、本業の会社から解雇されることも

トラブルが実際に起きた場合、判断は会社の考え方や上司や部署長の考え方によります。そのため、はっきりとしたことはいえませんが、考えられるトラブルとしては、次の3つのケースに絞られるでしょう。

副業がバレたこと自体がトラブルに

無申請で副業をしていると、副業がバレた時点で処罰の対象になることも考えられます。

本業に支障をきたす

副業中の怪我や、副業が原因と思われる体調不良などによって本業に支障をきたした場合、恐らく副業を続けることは許されなくなるでしょう。場合によっては、昇進や昇給にも影響を及ぼすかもしれません。

また、例えば会社に大きな損害が発生するなど、本業にきたした影響が尋常でない場合には、懲戒処分、損害賠償、最悪は契約違反による解雇という事態に発展しかねません。

信頼を失う

黙って副業をしているわけですので、見つかった時点で社内での信用は失墜するでしょう。また本業でミスをしただけでも「副業のせい」と

図表11　会社側も社員のことを考えている

言われかねません。前述のような厳しい処罰はなかったとしても、職場に居づらい雰囲気が発生することは覚悟しておいたほうがいいかもしれません。

副業に関係する法律

SIDE JOB

副業によって許可申請が
必要な品目を知る

特に「雇われない副業」に挑む場合、取り扱う商品や提供するサービス内容によっては、許認可や免許が必要なケースもあります。

例えば、古着や古本などを買い取って転売する場合は「古物商許可」、酒類や薬品を扱う場合もそれぞれの免許が必要です。ほかにも旅行業や不動産業など、必要な業種は挙げだすとキリがありません。本書で紹介する業種に関わりのある許認可や免許取得を図表 12 にまとめました。

また、取り扱うジャンルによって法律の知識も必要になります。

例えば、通信販売をはじめ、Web サイトで集客したり販売したりする場合には「特定商取引法に基づく表記」を記載しなければなりません。

さらに、商品やサービスの説明が誇大表現になっていたり、プレゼントや景品類が過剰に豪華だったりすると「景品表示法違反」にあたるケースもありますので、注意が必要です。

このほか、条件さえ整っていれば、購入者が購入（契約）から8日以内であれば解約できるクーリングオフ制度や、製品の欠陥によって購入者の命に関わったり、財産に被害が及んだりした場合に消費者が損害賠償を求めることができる PL（製造物責任）法など、副業のジャンルによって関わる法律も知っておいたほうがいいでしょう。

図表12　副業と関連する許認可の例

業種	許認可の種類	申請・届出先	受付窓口
旅行業	旅行業登録	国土交通大臣・都道府県知事	都道府県
貸金業	貸金業登録	財務局長・都道府県知事	都道府県
薬局	薬局開設届	都道府県知事	都道府県
電気工事業	電気工事業開始届	都道府県知事	都道府県
医薬品販売業	医薬品販売業許可	都道府県知事	都道府県
旅客自動車運送業	旅客自動車運送事業許可	国土交通大臣	陸運支局
貨物自動車運送業	貨物軽自動車運送事業届出	地方運輸局長	陸運支局
軽貨物自動車運送業	貨物軽自動車運送事業届出	運輸支局長	陸運支局
倉庫業	倉庫業登録	地方運輸局長	地方運輸局等
酒屋	酒類販売免許	税務署長	税務署
リサイクルショップ	古物営業許可	公安委員会	警察署
骨董屋	古物営業許可	公安委員会	警察署
古本屋	古物営業許可	公安委員会	警察署
警備会社	警備業許可	公安委員会	警察署
自動車運転代行業	自動車運転代行業認定	公安委員会	警察署
スナック	風俗営業許可	公安委員会	警察署
キャバレー	風俗営業許可	公安委員会	警察署
質屋	質屋営業許可	公安委員会	警察署
有料駐車場	貸駐車場届出	市町村長	市町村
理容業	理容院開設届	都道府県知事	保健所
美容業	美容院開設届	都道府県知事	保健所
クリーニング店	クリーニング所開設届	都道府県知事	保健所
旅館	旅館業許可	都道府県知事	保健所
ホテル	旅館業許可	都道府県知事	保健所
民宿	旅館業許可	都道府県知事	保健所
食肉販売業	食品製造業許可	保健所長	保健所
魚介類販売業	食品製造業許可	保健所長	保健所
飲食店	食品製造業許可	保健所長	保健所

知っておきたい
副業に関わる税金の知識
SIDE JOB

副業で得た収入でも
税金はかかる

　どんな副業をするにしても、そこに所得が発生する以上、税金を納めなければなりません。主な税金として「所得税」「住民税」「個人事業税」「消費税」の4つがあります。消費税は年商1,000万円を越えた場合など、一定の要件を満たした場合のみの課税です。

所得税と住民税

　アルバイトなどで受け取った給与の場合は「給与所得」、雇われずに自力で何かを販売して一時的に得た所得は「事業所得」や「雑所得」（※）など、所得は全部で10種類に分けられます（図表13）。また所得の種類によって課税方法も変わります。

　所得があるのに確定申告をせず、税金を納めないでいると「無申告」となり、場合によっては「脱税」になることもあります。

　また、所得が増えると、支払うべき住民税も増えます。この住民税が原因で会社に副業がバレるケースが多くあります。所得が増えると支払うべき各種税金も増えるということは理解しておきましょう。

　（※継続的な収入になると「事業所得」となり得ます。最終的に「雑所得」とするか「事業所得」とするかは実態により判断することになりますので、詳しくは税理士などの専門家に確認してください）

図表13　所得の種類と課税方法

種類	概要	課税方法※
事業所得	製造業、販売業などの所得	❶❷
不動産所得	マンションや駐車場の賃貸料	❶
利子所得	預貯金や公社債の利子	❶❸
配当所得	株式の配当金など	❶❷❸
給与所得	給料や賞与など	❶
雑所得	年金やほかの所得以外	❶❷❸
譲渡所得	資産の譲渡による所得	❶❷
一時所得	満期の保険金、馬券払戻金など	❶❸
山林所得	山林の伐採や譲渡による所得	❷
退職所得	退職金など	❷

※各所得の内容に応じて課税方法が異なることがあります

3種類の課税方法

❶**総合（総合課税）**：確定申告により、ほかの所得と合算して税金を計算する制度

❷**申告分離（申告分離課税）**：確定申告により、ほかの所得と分離して税金を計算する制度

❸**源泉分離（源泉分離課税）**：ほかの所得とは関係なく、所得を受け取るときに一定の税額が源泉徴収され、それですべての納税が完結する制度

確定申告に必要な知識を押さえる

SIDE JOB

副業でいくら稼いだら
確定申告が必要？

　前項でもお伝えしましたが、副収入が発生すると支払うべき税金も増えます。つまり、確定申告が必要になるということです。

「本業の会社で年末調整してくれるから確定申告しなくても大丈夫では？」と考える人もいますが、所得税はすべての所得に対してかかるものです。本業以外の所得に関しては確定申告を行う必要があるのです。

　ところで、副収入の額がいくらに達すると確定申告の必要があるのか気になるところですが、これは所得の種類によっても変わってきます。

　一般的には、本業の給与所得や退職所得以外の年間所得が20万円以下の場合、確定申告は不要と解釈されている方が多いようですが、これだけでは不十分です。

　例えば、副業での所得が「給与所得」である場合は、それが年間20万円以下でも確定申告は必要になります。ということは、「雇われる副業」をしている人は、その稼ぎの額に関わらず確定申告が必要ということです。これは給与収入の総額に対して「税額」を計算しなければいけないためで、一方の会社で年末調整を受けただけではこれが正しく計算されないためです。

256　第9章　知っておきたい副業の決まり

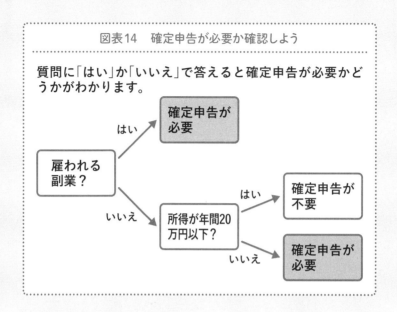

図表14　確定申告が必要か確認しよう

質問に「はい」か「いいえ」で答えると確定申告が必要かどうかがわかります。

確定申告が不要なケース

逆に本業以外の収入が給与でない場合、例えば物販を行なったり講座を開いたりして得た雑所得または事業所得、あるいは株で得た譲渡所得など、給与以外の所得の合計が年間20万円以下の場合は確定申告が不要です。加えて本業の給与収入が年間2,000万円以下で、かつ1ヶ所から給与の支払いを受けている場合は確定申告が不要になります。ただし、給与所得が1ヶ所のみでも、年間収入が2,000万円を超える場合は確定申告をする必要がありますし、給与収入が2,000万円以下であっても、医療費控除や寄付金控除などの適用を受けようとする場合には、確定申告をする必要があります。場合によっては、住民税の申告をしなければならないこともありますので、税務署や税理士に確認を取りましょう。

副業にかかった経費も
損益通算できる

SIDE JOB

節税効果のある損益通算を
理解しよう

損益通算とは?

　副業で赤字が出た場合、確定申告で損益通算すれば所得税を抑えることができる場合があります。

　そもそも損益通算とは何でしょう?　日常生活では耳慣れない言葉です。簡単に説明すると、本業と副業など、2ヶ所以上からの収入のうち、いずれかの経費がかかりすぎて赤字が出た場合、黒字のほうの収入から赤字分を差し引いて所得税を計算できるということです。もちろんメリットは節税です。

　例えば、本業の所得が400万円、副業の収入は50万円で経費が80万円かかり、所得がマイナス30万円だった場合、本業の所得から赤字分を差し引いた所得370万円に対して所得税を計算します。

損益通算できるケース

　それでは、なんでもかんでも損益通算できるかというと、そういうわけではありません。前述したとおり、所得は10種に分類されています。その中で損益通算できるのは「事業所得」「不動産所得」「譲渡所得」「山林所得」の4種類です。サラリーマンが不動産所得を得ている場合などはこれに該当します。

　また、副業収入が一時的なもので「雑所得」となった場合は適用さ

258　第9章　知っておきたい副業の決まり

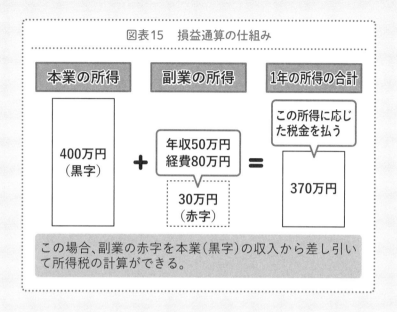

れませんが、継続的なもので「事業所得」となった場合は適用されます。あるいは、株取引をA社とB社の2ヶ所で行なっていて、片方の口座で利益が出たが、もう片方の口座で損失が出た場合なども損益通算できる場合があります。

　損益通算には例外もあります。あなたの副収入が該当しそうだと思ったときは一度専門家に相談してみるといいでしょう。

副業収入の振込み先、
収入の受け取り方

SIDE JOB

副業での収入はどうやって
受け取ればいい?

　基本的に「雇われる副業」は、給与が口座振り込みになるケースがほとんどです。個人の口座に振り込んでもらうといいでしょう。

　これに対して「雇われない副業」では、その副業の種類によって受け取り方もまちまちです。例えば、講座や教室を開く場合は事前振り込みか、当日現金払いで受け取ることも可能です。ネットショップや物販の場合はクレジット決済や代金引換という方法があります。受け取り方の決め方には、2通りの考え方があります。

❶ 自分自身が管理しやすいかどうか

　専用口座を作るなど、入金してもらう方法を1種類に絞っておけば入金管理が簡単で、確定申告も楽にできるでしょう。

❷ お客様が払いやすいかどうか

　お客様の立場になって考えると、複数の支払い方法があったほうが購入しやすくなります。例えば銀行振込、クレジット決済、コンビニ払い、代金引換と4種類の支払い方法を用意しておくことで購入のハードルが下がります。つまり、それだけ売れやすくなるということです。逆に考えると、受取方法を1つに絞っていると売上の機会損失を招くことにもなります。

　クレジット決済やコンビニ払いは個人では導入しづらいと思われがちですが、簡単に導入できるサービスもあります(図表16)。

図表16　決済サービスの例

クレジット決済

Square（スクエア）
https://squareup.com/jp
Airペイ（エアペイ）
https://airregi.jp/payment/
PayPal（ペイパル）
https://www.paypal.com/jp/webapps/mpp/home

※Squareは店舗向け、AirPayは電子マネーやApplePayに対応、PayPalはネットショップ向けなど、それぞれに特徴がある。

コンビニ後払い

NP後払い
https://www.netprotections.com/

収納代行（口座引き落とし）

CSS（シーエスエス）
https://www.css-osaka.com/

各種決済機能付きネットショップ

BASE（ベイス）
https://thebase.in/
STORES（ストアーズ）
https://stores.jp/

独立も考えるなら
法人化も視野に入れる

S I D E   J O B

法人化は税制面や、メリット・デメリットを
踏まえて判断する

法人化のタイミング

　副業を「いずれは本業に」と考えている人にとって、法人化は1つの目標ともいえるでしょう。でもどのタイミングで、どんな種類の法人にすればいいのか、よくわかりませんよね。一般的には税制面において事業所得年間900万円のラインが節税につながる1つの目安といわれることが多いのですが、厳密には「家族がいる、いない」などの条件によってもメリット・デメリットが変わります。現状と将来展望をよく考えた上で判断されるのが理想でしょう（図表17）。

法人化の3つのメリット

❶ **社会的信用**

　法人は個人事業主よりも信頼度が上がります。大きな案件の仕事を受けたり、必要であれば融資を受けたりすることも比較的容易になるでしょう。

❷ **節税**

　個人事業に比べて多くの経費が認められます。役員報酬の設定により節税することも可能です。

❸ **その他**

　福利厚生や退職金制度、決算期の自由設定など様々なメリットがあり

図表17　所得税の税率（平成27年以降）

課税される所得金額	税率	控除額
195万円以下	5%	0円
195万円を超え　330万円以下	10%	97,500円
330万円を超え　695万円以下	20%	427,500円
695万円を超え　900万円以下	23%	636,000円
900万円を超え　1,800万円以下	33%	1,536,000円
1,800万円を超え　4,000万円以下	40%	2,796,000円
4,000万円超	45%	4,796,000円

例）「課税される所得金額」が400万円の場合の税額
400万円×0.20-427,500円＝372,500円

ます。

　ただし、設立時にお金がかかること、赤字でも税金がかかること（年間7万円以上）、所得が低いと個人より税負担が増えることなどデメリットもあります。法人化は慎重に進めましょう。

法人の種類

　法人にもいくつかの種類があります。

　主なものとして「株式会社」「合同会社」「合名会社」「合資会社」「一般社団法人」「一般財団法人」「特定非営利活動法人」などがあります。もちろんそれぞれに税制面、活動面などにおいてのメリット・デメリットがあります。どの形態があなたの仕事に合うのか、よく検討する必要があります。

副業がバレにくい確定申告の方法

SIDE JOB

確定申告で副業が
バレるって本当?

「確定申告をすると会社に副業がバレるのでは?」と心配する人もいます。

しかし、確定申告そのもので副業がバレるわけではありません。むしろ確定申告をしなかったことでバレるケースもありますし、あまり深く考えずに確定申告をしたためにバレたというケースもあります。

❶ 確定申告をしなかったことでバレてしまう

確定申告をしなかったことを税務署から指摘されて、追徴課税されたことから会社にバレるというパターンです。

あるいは、副業のアルバイト先が市区町村に給与支払い報告をしている場合、市区町村から本業の会社に住民税の通知が行くことで発覚するというケースもあります。いずれにしても、確定申告と納税は義務ですので、必ず申告は行いましょう。

❷ 確定申告したことでバレてしまう

これもやはり「住民税を給料から天引きしなさい」という通知が本業の会社に行ってしまうことが原因です。「おや、この人はほかの社員と同じ給与額なのに、住民税だけちょっと多いぞ?」と、給与担当者に副収入の存在が発覚してしまうのです。

264　第9章　知っておきたい副業の決まり

図表18　確定申告用紙の「住民税の徴収方法」

確定申告書Bの一部抜粋

○ 住民税・事業税に関する事項

住民税	扶養親族の氏名	個 人 番 号	続柄	生 年 月 日	別 居 の 場 合 の 住 所	寄付金税額控除
16歳未満の扶養親族		※ 個人番号は複写されません		平 ・ ・		都道府県、市区町村分　円
		※ 個人番号は複写されません		平 ・ ・		住所地の共同募金、日赤支部分
		※ 個人番号は複写されません		平 ・ ・		都道府県
	配当に関する住民税の特例	円	非 居 住 者 の 特 例	円	給与・公的年金等に係る所得以外（平成29年4月1日において65歳未満の方は給与所得以外）の所得に係る住民税の徴収方法の選択	○ 給与から差引き
	配 当 割 額 控 除 額		株式等譲渡所得割額控除額			○ 自 分 で 納 付

> 「自分で納付」に丸をつけると、税金が本業の給与から天引きされず、窓口で納めることができるようになります。

○	給与から差引き
○	自 分 で 納 付

　これを防ぐには、確定申告の用紙に記載されている「住民税の徴収方法の選択」で「自分で納付」に丸をつけることです（図表18）。そうすることで、税金は本業の給与から天引きされず、窓口で納めることができるようになり、副業が会社に知られるのを防ぐことができます。ただ、それで万事大丈夫かというと、そういうわけでもありません。近年は特別徴収（給与から徴収）を推進する自治体が増えたため、上記の項目に丸をつけても会社の給与から天引きされるケースが増えているからです（※）。確定申告の際には、お住まいの自治体窓口で確認することをおすすめします。

（※副業の収入が給与の場合には、特別徴収されてしまいます）

マイナンバーと副業の注意点

SIDE JOB

マイナンバーがきっかけで
副業がバレる?

マイナンバーはそもそも国が国民の所得を正確に把握すること、また行政手続きを効率化することを目的として作られたものです（厳密には社会保険なども関連します）。

決して個人の副業を把握して会社に知らせるシステムではありません。そのため、マイナンバーが直接的原因で副業がバレることはないといっていいでしょう。

ただ、イメージとしては「社員は会社にマイナンバーを提出」しますし、「副業先でもマイナンバーを提出」しますので、両方から収入があることを役所が把握し、住民税の徴収が本業の会社に行ってしまうことで、副業がバレるのでは？　という不安が出てくるのでしょう。

あるいは副業が給与収入でない場合でも、確定申告時にマイナンバーを記入することになりますから、やはり同じ流れで副業がバレてしまわないか心配する方も多いようです。

しかしこれはマイナンバーが導入される前から行われていることで、マイナンバーが原因でバレるわけではありません。ただ、これまでも住所、氏名、生年月日などで、個人の紐付けは行われていたのです。そのため、マイナンバーが導入されてもされなくても、住民税の税額で会社に副業がバレるかもしれないということに変わりはないのです。

> 図表19　マイナンバーが原因で副業がバレる?
>
> **Q.マイナンバーが原因で副業がバレるって本当?**
> **A.マイナンバーに関係なく、住民税の税額がきっかけでバレる可能性はある**
>
> - マイナンバーは個人の副業を会社に知らせるシステムではない
>
> - マイナンバー導入前から、税務署は住所、氏名、生年月日などで個人の紐付けを行なってきた
>
> - マイナンバーよりも、同僚との鉢合わせやインターネットでバレることに気を遣うべき

　つまり、前項でお伝えした通り、正しい知識で確定申告を行うことが大切になってきます。

　むしろマイナンバーのことより、バレるリスクとして「社内の人間に目撃される」「インターネットで検索されて見つかる」などに注意を払ったほうがいいかもしれません。

おわりに

　副業を始めるきっかけは人それぞれです。子どものため、家族のため、自分のため、生活のため。どんな理由であれ、仕事は楽しくやりたいものです。辛い副業は続きません。

　それに、一旦社会に出ると人生の半分は仕事の時間です。その仕事が辛ければ、人生の半分は辛い時間ということになります。これではあまりにも悲しすぎますよね。

　かく言う私も脱サラ後、起業するも失敗、多額の負債を抱えたため、返済のためだけの仕事をいくつも掛け持ちしました。そのほとんどは楽しくない仕事でした。例えば、日中は「と殺」された家畜の残骸回収や、飲食店で出る廃油の回収をし、夜中はひたすら皿洗い、お世辞にも楽しいとは言い難い毎日でした。そんな中、再びの起業を目指して試行錯誤を繰り返していました。
「何かを仕入れて売る」「自分で作って売る」「イラストを描いて仕事にする」など、いずれも大した稼ぎにならなかったものの、そこには何とも言えない楽しさがありました。

　やがて、その試行錯誤の末に１つだけ軌道に乗ったビジネスがあったのです。スペイン語教材を手作りして販売するという仕事です。
　ちなみに私は学生時代にスペイン語をかじってはいましたが、とても話せるレベルではありませんし、人に教えるなんてとんでもない！　という状態でした。では、なぜ私がスペイン語教材を作って売ることができたのでしょうか。日本に留学しているスペイン人を探し、協力してもらったのです。この教材がヒットしてくれたため、私は返済のためだけの辛い仕事を辞め、再び起業することができた

のでした。そしてこの楽しい仕事を生業にして初めて「人生の半分は仕事、その仕事は楽しくなければ！」という考えに至ったのです。

　本書では様々な副業をいくつかのカテゴリーに分けて、あなたに合った副業を見つけていただきやすくしてあります。しかし実際のところ、本文でも触れたように副業は大きく分けるとたったの２つに分類されます。「雇われる副業」と「雇われない副業」です。

　２つの副業には、もちろんそれぞれにメリットがあります。「雇われる副業」は給料をいただくわけですので、収入が安定します。その分、計画的にお金の使い方を決めることもできます。「雇われない副業」は自力で稼ぐということ、たとえ小さくてもビジネスを興すということですので、収入が発生するまでに時間を要します。しかし、一旦軌道に乗せることができれば、頑張り次第で収入は青天井です。

　どちらのタイプが今のあなたに向いているのか、本業との掛け持ちは可能か、収入を急ぐのか、夢や希望を重視するのか、そういったことも総合的に判断した上で、副業に取り組んでみてください。

　また、副業は一度選んだらそれを続けなければならないというものでもありません。より良い副業を見つけて、「副業の転職」を経験してみるのもいいでしょう。

　いずれにしても副業の経験は経済的な面だけでなく、人として貴重な経験、そして成長をもたらしてくれます。どうか前向きな気持ちで楽しい副業に取り組んでください。あなたの人生がより良いものになりますよう、少しでもお役に立てましたら嬉しい限りです。

　最後になりましたが、本書の執筆にあたり大変お世話になりました、総合法令出版編集部の尾澤佑紀さん、税制に関する部分でアド

バイスをくださいました税理士沖見圭介さん、素敵なイラストで本書を飾って下さった大崎メグミさん、そして原稿執筆を応援し支えてくれた最愛の妻と娘に、心よりの感謝をささげたいと思います。

　そして本書を手に取り、最後まで読んでくださったあなたに心から感謝申し上げますとともに、より良い副業でより良い人生を掴まれますことを心よりお祈り申し上げます。

平成 29 年 10 月吉日　戸田充広

索引

英文字
CAD オペレーター　82
FX（外国為替証拠金取引）　98
LINE スタンプ制作　186
PC 出張サポート　174
Web デザイナー　134
Web ライター　136
YouTuber　184

あ行
空き時間の販売　190
アフィリエイト　96
アプリ開発　128
アンケートモニター　192
移動販売　130
イラストレーター　132
受付業務　32
占い師　194
運転代行　76
営業代行　138
エキストラ　230

か行
カーシェアリング　208
家庭教師　140
カフェ1日オーナー　232
株式投資　100
カブトムシ飼育　102
カメラマン　142
カラーコーディネーター　78
きき酒師　80
教室経営　144
クラウドソーシング　196
クラフト製作　234
警備員　34
ゲームテスター・デバッカー　146
結婚式司会者　84
健康食品モニター　210
コインランドリー投資　104
講師業　148
校正　150
交通量調査員　36
個人向け国債　106
コンサルタント　152

さ行
サイトバイヤー　108
先物取引　110
シェアビジネス　198
試験監督　38
自作曲販売　154
塾講師　156
主催業　212
出張シェフ　158
純金積み立て　112
賞状書士　160
商品モニター　214
仕分けスタッフ　40
深夜営業店舗の店員　42

人力車車夫　44
スポーツインストラクター　162
清掃スタッフ　46
整体師　164
せどり　114
選挙スタッフ　48

た行
ダイビングインストラクター　86
治験モニター　216
駐車場貸し　218
ティッシュ配り　50
データ入力　200
テープ起こし　52
テレビ観覧　236
添削指導者　166
投資信託　116
土木作業員　54
トラックドライバー　88
ドローン動画作成　168
ドロップシッピング　220

な行
似顔絵師　170
ネイルモデル　238
ネットオークション　56
ネットショップ　172
農作業　58

は行
墓参り代行　222
パズル作業　240
引っ越しスタッフ　60
プール監視員　62
覆面調査員　242
フットサル審判員　64
不動産投資　120
プログラマー　176
ペットシッター　90
ベビーシッター　178
便利屋　224
ポイントサイト　202
ホームヘルパー　92
ポスティング　66
翻訳　180

ま行
漫画喫茶　68
漫画制作　182
民泊　122
メルマガ発行　118
モーニングコール　204

や行
郵便配達　70
輸入ビジネス　124

ら行
レストランスタッフ　72
レンタル友人　226

271